準中級中国語

会話編

~自分のことばで話す中国語~

準中級編

奥村佳代子・塩山正純・張軼欧

KINSEIDO

はじめに

　このテキストはわたしたち三人が一昨年に執筆した初級テキスト『初級中国語 会話編 自分のことばで話す中国語』『初級中国語 講読編 自分のことばで表現する中国語』の続編にあたり、『自分のことばで話す・表現する中国語』シリーズ準中級編のテキストです。
　わたしたち三人が執筆に参加した『中国語への道―近きより遠きへ―』の初版が2006年に出版されてから10年経つ頃には、とくに大学の語学教育をとりまく環境が変化し、従来型のテキストでは授業がしにくくなるところも増えて来ていました。そこで『中国語への道』のコンセプトである会話も講読もやる、という考えを分冊という形で活かして冒頭の二冊のテキストを作りました。
　話は12年前の『中国語への道』のスタートに遡ります。近代の外国人による外国人のための中国語教科書の最高峰といわれるイギリス人トーマス・フランシス・ウェードの『語言自邇集』がありますが、その姿勢にだけでも一歩でも近づきたいという気持ちから、儒教の経書『中庸』の一節「君子の道は、たとえば遠きに行くは必ず邇（ちか）き自（よ）りするが如く、たとえば高きに登るは必ず卑（ひく）き自（よ）りするが如し。」に由来して、『中国語への道』に「―近きより遠きへ―」という副題をつけました。本作はタイトルこそ変わっていますが、テキストのコンセプトは一貫しています。
　また、一般にはあまり知られていませんが、第二次世界大戦前の上海には東亜同文書院大学という、中国をフィールドに活躍できる人材の輩出を目的とした「日本の」大学があって、中国語の教材として『華語萃編』という分厚いテキストが使われていていました。現在の大学生と変わらない年齢の日本人学生が実際にそういったテキストを使って勉強した歴史があるということも、これから中国語を学習する皆さんには知っておいて欲しいと思います。『華語萃編』は初集から二集、三集へとステップアップしていくスタイルでしたが本作も『自分のことばで話す・表現する中国語』シリーズの二集に位置づけられるように、一歩進んだ準中級のレベルと内容を意識しています。
　テキストの構成については、前作『中国語への道』は、『語言自邇集』や『華語萃編』には遠く及ばないものの、全16課の各課に会話文、第4課からは閲読の短文も加えるという現在にしては欲張りな構成でした。本シリーズでも、質と量が将来的な評価にも耐えうるテキストを、という基本的な考えは変えないものの、昨今の授業形態でも活用できるコンパクトさを目指して二冊の分冊スタイルを初級編から採用し、準中級編もこれを踏襲しています。そして準中級編では、会話編、講読編ともにテキスト本文の話題は学習者が興味を保てるような身近なトピックで統一し、同一の文法ポイントを取り上げ、会話体、文章体の中国語の中でどのように使われていくかを実践的に学ぶようにしています。
　著者のわたしたちが中国語を学んだ約30年前と現在とでは、日本での「中国語」あるいは「中国語学習」を取り巻く環境も随分と変化しました。当時はまだ日本にいる中国のひとは珍しく、学習者の中国語学習の動機も「中国を知りたい」に直結していました。それが現在では国内の至る所に中国語を話すひとが普通にいて、その気になりさえすれば、国内でも中国語で交流できる機会のあることが当たり前になりました。中国国内では日本を知るための雑誌『知日』や『在日本』が人気を博しているという現象に象徴されるように、日本を自分の視点で知りたい、もっと日本を体験したいというひとが飛躍的に増えて、多くのひとが日本を訪れるようになっています。日本に居ながらにして、目の前にいる中国のひとと中国語で話したいと思うようになるのも自然なことではないでしょうか。中国語をやるのなら先ず中国のことを理解すべきという考えかたもあるでしょうが、国内で中国語によるコミュニケーションの機会があるならば、先ずはそこからスタートして、そのさきの「中国を知りたい」につなげ、さらには中国にも出かけていって、メディアを通さず自分自身の目で見て中国を理解し、それを糧に将来の活躍につなげていくのも一つの学習のあり方ではないかと思います。
　そういった学びを続けていくためには、自分の考えを中国語で表現する発信と、中国人が中国語で考えたり話したりすることを理解する受信の両方の力が必須です。従来の学習が受信型だとすれば、現在は発信型が流行りですが、いずれも一方だけでは一長一短があると思います。どちらか一方ではなく、中国語で書かれたり、話されたりしたことを理解できる能力と、自分の考えたことを中国語で発信でき

る能力という両方の力を同時に身につけていくことが必要なはずで、学習者にもそういうスタンスで勉強して欲しいという思いは、本シリーズの初級編、準中級編で一貫しています。

　準中級編は会話編、講読編ともに全12課で、各課は同一の話題で、会話或いは講読のテキスト本文、文法ポイント、練習問題という構成です。このテキストの特徴は、全12課に、その課の学習を通して「なにを表現できるようになるか」という目標を設定し、本文とポイントの学習事項を検定試験の問題スタイルで解答する練習問題を配置していることです。また各課では「これも大事！」と題して、各課の話題や中国語学習の一助になるようなポイントをコンパクトに紹介していますので、学習者さんの皆さんにはこれを糸口に、いろいろ中国語の表現を調べて、さらに表現の幅をひろげて欲しいと思います。

　巻末には、さらに一歩すすんで学習したい学習者向けに、各課の話題に関連した語句の補充、実際のコミュニケーションの場面を想定した会話練習、インタビューに基づく他己紹介や自己紹介のユニットをそなえた実践的なドリルも配置しています。練習問題や巻末ドリルは本文やポイントと同時進行でも、復習での活用でも、一部分でも、各自、各クラスの学習スタイル・進度に合わせて活用できるレイアウトになっています。また同一クラスで週に複数回の授業があるなど、運営上で可能ならば、一方で会話編、もう一方で講読編というような併用でより効果的な学習も期待できます。あるいは最初に会話編で次に講読編、またはその逆もありかも知れません。

　本シリーズのサブタイトルである「自分のことばで」には、将来中国語を話したり使ったりできる日本人が少しでも増えてほしいという願いを込めています。どの言語であれ、自分の気持ちや考えのないことばはひとに届かないでしょう。ひとに届くことばを発するためには、自分のなかにことばがなくてはなりません。「自分のことばで」話し、表現するためにも、まずはできるだけたくさんのインプットとアウトプットの繰り返しで「ことば…中国語」を蓄えて下さい。

　このテキストを授業で使用下さる先生がたには内容について忌憚の無いご批判をお願いすると同時に、学習者の皆さんには、このテキストを通して中級を目指す中国語の力をしっかりと身につけてもらえることと期待しています。

2018年9月　著者

　本テキストには、単語表の語に品詞を付記しています。文法の理解に役立てていただければ幸いです。『現代漢語詞典第7版』を基準に、日本で現在用いられている中国語辞書の記述も参考にしています。

【本テキストの品詞名表示法】

名	名詞	助動	助動詞	量	量詞	動	動詞	助	助詞
感	感嘆詞	形	形容詞	介	介詞	数	数詞	副	副詞
接	接続詞	接辞	接頭辞・接尾辞	代	代名詞（人称・指示・疑問）				

音声ファイル無料ダウンロード

http://www.kinsei-do.co.jp/download/0711

この教科書で 🎧 DL 00 の表示がある箇所の音声は、上記 URL または QR コードにて無料でダウンロードできます。自習用音声としてご活用ください。

▶ PCからのダウンロードをお勧めします。スマートフォンなどでダウンロードされる場合は、**ダウンロード前に「解凍アプリ」をインストール**してください。
▶ URL は、**検索ボックスではなくアドレスバー（URL表示覧）**に入力してください。
▶ お使いのネットワーク環境によっては、ダウンロードできない場合があります。

🔘 CD 00　左記の表示がある箇所の音声は、**教室用CD** に収録されています。

目 次

第1課 自我介绍 —— 06
1 動詞の"上" —— 08
2 "对~感兴趣"
3 複合方向補語 "走出国门去"
4 存在文　場所+"有"+存在する人・物

第2課 找工作 —— 10
1 進行表現 —— 12
2 結果補語　動詞+"到"
3 禁止表現　"別"+動詞
4 "把"構文

第3課 我的新工作 —— 14
1 方位詞 "~上" —— 16
2 "不但~而且…"で表される複文
3 "受欢迎"
4 "~的话，就…"

第4課 我们学校的图书馆 —— 18
1 "听说""听~说" —— 20
2 "好好儿~"
3 "不论~都…"
4 "请"

第5課 准备期末考试 —— 22
1 "一点儿也/都~" —— 24
2 "一~就…"
3 受身 "被"(+動作主)+動詞
4 "是不是"

第6課 考试后的放松 —— 26
1 "连~也/都…" —— 28
2 "只要~就…"
3 様態補語
4 疑問詞+"吗"

第7課	暑假生活 ──── 30	1 使役"让" ──── 32
		2 動詞+"得"+"怎么样"
		3 "像～一样"
		4 離合詞

第8課	一天实习 ──── 34	1 "会～的" ──── 36
		2 "除了～以外"
		3 "向～学习"
		4 "很"+"会"

第9課	做PPT报告 ──── 38	1 結果補語 動詞+"成" ──── 40
		2 "有点儿"と"一点儿"
		3 "最好"
		4 動量詞"遍"

第10課	过圣诞节 ──── 42	1 "是～的"構文 ──── 44
		2 "先～，然后(再)…"
		3 結果補語 動詞+"好"
		4 "～起来"の派生義

第11課	春节习俗 ──── 46	1 "不是～吗？" ──── 48
		2 "比～多了"
		3 "～极了"
		4 "什么的"

第12課	将来的工作 ──── 50	1 "找"「さがす」以外の意味 ──── 52
		2 可能補語
		3 "～下来"の派生義
		4 "不好～"

索引 ──── 54
ドリル ──── 59

第一课 自我介绍

1. 名前や所属、日常、ルーティンについて伝えることができる。
2. 趣味や興味のあることを表現することができる。

この課の語句

DL 01
CD 01

	中国語	ピンイン		日本語
1	自我介绍	zìwǒ jièshào		自己紹介
2	上	shàng	動	(学校や職場に) 通う
3	经常	jīngcháng	副	いつも、しょっちゅう
4	国外	guówài	名	国外、外国
5	对~感兴趣	duì~ gǎn xìngqù		~に興味を感じる
6	国门	guómén	名	国境
7	潇洒	xiāosǎ	形	垢抜けしている、さっぱりしている
8	不过	búguò	接	でも、しかし
9	动漫	dòngmàn	名	アニメ
10	家	jiā	量	店や会社を数える量詞
11	漫画	mànhuà	名	マンガ、コミック
12	文化	wénhuà	名	文化
13	名牌儿	míngpáir	名	ブランド
14	楼上	lóushàng	名	上の階
15	拿	ná	動	(手で)持つ、取る
16	超市	chāoshì	名	スーパーマーケット
17	邮局	yóujú	名	郵便局
18	小孩儿	xiǎoháir	名	子ども

会话

DL 02
CD 02

大学 3 年生の岩田圭さんは，大学のゼミの先生から中国人留学生の李美玲さんを紹介されました。

岩田： 你 好，我 叫 岩田 圭，认识 你 很 高兴！
　　　Nǐ hǎo, wǒ jiào Yántián Guī, rènshi nǐ hěn gāoxìng!

美玲： 你 好！我 叫 李 美玲，认识 你 我 也 很 高兴！
　　　Nǐ hǎo! Wǒ jiào Lǐ Měilíng, rènshi nǐ wǒ yě hěn gāoxìng!

岩田： 你 现在 上 大学 几 年级？
　　　Nǐ xiànzài shàng dàxué jǐ niánjí?

美玲： 我 现在 是 大学 二 年级 的 学生。
　　　Wǒ xiànzài shì dàxué èr niánjí de xuésheng.

岩田： 我 经常 去 国外 旅游，你 对 什么 感 兴趣？
　　　Wǒ jīngcháng qù guówài lǚyóu, nǐ duì shénme gǎn xìngqù?

美玲： 走出 国门 去 看 世界，真 潇洒！不过，我 喜欢 看 动漫。
　　　Zǒuchū guómén qù kàn shìjiè, zhēn xiāosǎ! Búguò, wǒ xǐhuan kàn dòngmàn.

岩田： 我们 学校 附近 有 一 家 漫画 咖啡店，你 去过 吗？
　　　Wǒmen xuéxiào fùjìn yǒu yì jiā mànhuà kāfēidiàn, Nǐ qùguo ma?

美玲： 去过。我 经常 和 朋友 在 那里 看 漫画。
　　　Qùguo. Wǒ jīngcháng hé péngyou zài nàli kàn mànhuà.

第一课

7

1　動詞の"上"

(1) 我 今年 上 大学 二 年级。
　　Wǒ jīnnián shàng dàxué èr niánjí.

(2) 妹妹 明年 上 小学。
　　Mèimei míngnián shàng xiǎoxué.

2　"对～感兴趣"

(1) 我 对 日本 的 现代 文化 很 感 兴趣。
　　Wǒ duì Rìběn de xiàndài wénhuà hěn gǎn xìngqù.

(2) 姐姐 很 喜欢 名牌儿，我 对 名牌儿 不 感 兴趣。
　　Jiějie hěn xǐhuan míngpáir, wǒ duì míngpáir bù gǎn xìngqù.

3　複合方向補語"走出国门去"

	上	下	进	出	回	过	起
来	上来 shànglai	下来 xiàlai	进来 jìnlai	出来 chūlai	回来 huílai	过来 guòlai	起来 qǐlai
去	上去 shàngqu	下去 xiàqu	进去 jìnqu	出去 chūqu	回去 huíqu	过去 guòqu	×

(1) 老师 走进 教室 来 了。
　　Lǎoshī zǒujìn jiàoshì lái le.

(2) 请 您 从 楼上 拿下 那 本 书 来。
　　Qǐng nín cóng lóushàng náxià nà běn shū lái.

4　存在文　場所＋"有"＋存在する人・物

(1) 超市 旁边 有 一 个 邮局。
　　Chāoshì pángbiān yǒu yí ge yóujú.

(2) 公园里 有 很 多 小孩儿。
　　Gōngyuánli yǒu hěn duō xiǎoháir.

これも大事！　"好潇洒！"「かっこいい！」の言い方

見た目や言動に対して「かっこいい！」と感嘆する場面に，中国語では，"帅 shuài (姿態・動作が垢抜けてスマート)""酷 kù (英語"cool"の音訳で，クールな)""潇洒 (表情・立ち居振る舞いがさっぱりして垢抜けている)""英俊 yīngjùn (容貌がりりしくて，きりっとしている)"など，ニュアンスの違う幾つかの「かっこいい！」があります。例えば代表的な"帅"や"酷"なら，次のような用例があります。

帅：沈 老师 超 帅。(沈先生って超かっこいいし。)
　　Shěn lǎoshī chāo shuài.
酷：他 真 酷！(彼ってかっこいい！)
　　Tā zhēn kù!

Lesson 練習問題

1 中国語の音声を聞いて、ピンインと簡体字で書き取り、日本語に訳しましょう。 DL 04 / CD 04

	ピンイン	中国語	日本語
(1)	_____	_____	_____
(2)	_____	_____	_____
(3)	_____	_____	_____

2 次の空欄を埋めるのに最も適当なものを、①〜④の中から1つ選び、全文を日本語に訳しましょう。

(1) 你去（　　）漫画咖啡店吗？　　①进　②到　③过　④有
日本語 _____

(2) 你现在（　　）大学几年级？　　①上　②去　③在　④有
日本語 _____

(3) 我经常（　　）朋友喝咖啡。　　①在　②和　③有　④上
日本語 _____

3 日本語をヒントに、①〜④を並べ替えて中国語の文を完成させましょう。

(1) お知り合いになれて嬉しいです。
　____　____　____　____。　　①认识　②高兴　③您　④很

(2) 上の階から中国語辞典を取ってください。
　请您 ____　____　____　____。　　①来　②汉语词典　③从楼上　④拿下

(3) スーパーの近くに郵便局があります。
　____　____　____　____。　　①一个　②超市旁边　③邮局　④有

4 次の日本語を中国語に訳して簡体字で書きましょう。

(1) わたしの姉はブランドに興味があります。→ _____

(2) 先生が教室を出て行きました。　　　　　→ _____

(3) 公園には人がたくさんいます。　　　　　→ _____

5 これから流れる李さんと岩田さんの会話を聞いて、問いに対する答えを主語や目的語を省略せずに書きましょう。

(1) 【問】李美玲喜欢看漫画，岩田圭对什么感兴趣？　　DL 05 / CD 05
　【答】_____

(2) 【問】他们学校附近有什么？
　【答】_____

第二课 找工作

1. 予定や心づもりを詳細に説明することができる。
2. 結果補語を使って動作・行為の結果を表現することができる。

この課の語句 DL 06 / CD 06

#	中国語	ピンイン		日本語
1	招工	zhāo gōng	動	従業員を募集する
2	广告	guǎnggào	名	広告
3	黄金周	huángjīnzhōu	名	ゴールデンウィーク
4	换	huàn	動	交換する, 替える
5	什么样	shénmeyàng	代	どんな, どのような
6	找	zhǎo	動	さがす（要点 第12課）
7	合适	héshì	形	ぴったりである, ちょうどよい
8	轻松	qīngsōng	形	気軽である, リラックスしている
9	蛋糕	dàngāo	名	ケーキ
10	怎么样	zěnmeyàng	代	どうですか（状況を尋ねる）
11	招人	zhāo rén		人を募る, 人を募集する
12	暖男一枚	nuǎnnányìméi		「暖男一枚」これも大事！を参照
13	超级	chāojí	形	めっちゃ, 超（副詞的用法）
14	人气	rénqì	名	人気
15	开玩笑	kāi wánxiào		からかう, 冗談を言う
16	号码	hàomǎ	名	番号
17	告诉	gàosu	動	告げる, 知らせる, おしえる
18	正宗	zhèngzōng	形	正統の, 本場の, 本格的な
19	北京烤鸭	Běijīng kǎoyā	名	北京ダック
20	说谎	shuō huǎng		でたらめを言う
21	放	fàng	動	置く
22	垃圾	lājī	名	ゴミ
23	扔	rēng	動	捨てる, 投げる
24	垃圾桶	lājītǒng	名	ゴミ箱

ゴールデンウィークの予定を話す岩田さんに，李さんが電話で良い情報を教えてくれたようです。

美玲： 喂，我 是 李 美玲，岩田，你 在 干 什么 呢？
　　　 Wéi, wǒ shì Lǐ Měilíng, Yántián, nǐ zài gàn shénme ne?

岩田： 我 在 看 招工 广告，
　　　 Wǒ zài kàn zhāogōng guǎnggào,
　　　 我 打算 黄金周 换 个 新 工作。
　　　 wǒ dǎsuan huángjīnzhōu huàn ge xīn gōngzuò.

美玲： 你 想 换 什么样 的 工作，
　　　 Nǐ xiǎng huàn shénmeyàng de gōngzuò,
　　　 找到 合适 的 了 吗？
　　　 zhǎodào héshì de le ma?

岩田： 还 没 找到。我 想 找 个 轻松 的 工作。
　　　 Hái méi zhǎodào. Wǒ xiǎng zhǎo ge qīngsōng de gōngzuò.

美玲： 蛋糕店 的 工作 怎么样？
　　　 Dàngāodiàn de gōngzuò zěnmeyàng?
　　　 我 朋友 家 的 店 在 招人。
　　　 Wǒ péngyou jiā de diàn zài zhāo rén.

岩田： 可以。我 喜欢 吃 蛋糕，也 喜欢 做 蛋糕。
　　　 Kěyǐ. Wǒ xǐhuan chī dàngāo, yě xǐhuan zuò dàngāo.

美玲： 啊，暖男一枚！现在 暖男 超级 有 人气 啊！
　　　 A, nuǎnnányìméi! Xiànzài nuǎnnán chāojí yǒu rénqì a!

岩田： 别 开 玩笑！
　　　 Bié kāi wánxiào!
　　　 快 把 那个 店 的 电话 号码 告诉 我 吧。
　　　 Kuài bǎ nàge diàn de diànhuà hàomǎ gàosu wǒ ba.

POINT ポイント

1　進行表現　"(正)在"＋動詞＋("呢")

(1) A：你 在 干 什么 呢？　　B：我 正在 写 作业 呢。
　　　Nǐ zài gàn shénme ne?　　　Wǒ zhèngzài xiě zuòyè ne.

(2) 他 没 在 睡觉，在 学习。
　　Tā méi zài shuìjiào, zài xuéxí.

2　結果補語　動詞＋"到"

(1) 你 的 钱包 找到 了 吗？
　　Nǐ de qiánbāo zhǎodào le ma?

(2) 我 在 北京 吃到了 正宗 的 北京烤鸭。
　　Wǒ zài Běijīng chīdàole zhèngzōng de Běijīng kǎoyā.

3　禁止表現　"别"＋動詞

(1) 别 说 谎。
　　Bié shuō huǎng.

(2) 上 课 的 时候 别 说 话。
　　Shàng kè de shíhou bié shuō huà.

4　"把"構文　"把"＋目的語＋動詞＋α

(1) 你 把 钱包 放在 哪儿 了？
　　Nǐ bǎ qiánbāo fàngzài nǎr le?

(2) 你 把 垃圾 扔到 垃圾桶里 吧。
　　Nǐ bǎ lājī rēngdào lājītǒngli ba.

これも大事！　"暖男一枚"

　"暖男"は，2014年頃に流行りだした言葉で，性格が優しい男性に対して用いられます。癒し系と似ているとも言えますが，より内面を強調した表現で，穏やかな陽光のように暖かく優しく包み込んでくれることが第一条件です。さらに，料理も上手で気づかいもでき，甘い笑顔の男性が"暖男"です。
　"一枚"の"枚"は，ふつう人には用いない量詞ですが，ここでは"暖男"のイメージである，いかつさがなくカワイイというニュアンスを込めた，ちゃめっ気のある表現として用いられています。他にも以下のように用いられます。

　　美女一枚 měinǚyìméi　"美女"は，文字どおり美しい女性

　　帅哥一枚 shuàigēyìméi　"帅哥"は，かっこいい男性，イケメン

　"暖男"よりも見た目が評価された流行りの男性は，"小鲜肉 xiǎoxiānròu"です。"小鲜肉"は若く，スマートだが脱ぐと筋肉がほどよくついたイケメンで，このタイプの特徴のひとつである"颜值 yánzhí"（顔面偏差値のこと）も最近よく用いられる言葉です。
　流行りの顔立ちやタイプは，時代によって変化し，それによって新たな言葉が誕生する場合もあります。次にくるのは，どんな言葉で表される流行なのでしょうか。

Lesson 練習問題

1 中国語の音声を聞いて，ピンインと簡体字で書き取り，日本語に訳しましょう。 DL 09 / CD 09

　　　　ピンイン　　　　　　中国語　　　　　　日本語

(1) ＿＿＿＿＿＿＿＿　　＿＿＿＿＿＿＿＿　　＿＿＿＿＿＿＿＿

(2) ＿＿＿＿＿＿＿＿　　＿＿＿＿＿＿＿＿　　＿＿＿＿＿＿＿＿

(3) ＿＿＿＿＿＿＿＿　　＿＿＿＿＿＿＿＿　　＿＿＿＿＿＿＿＿

2 次の空欄を埋めるのに最も適当なものを，①〜④の中から1つ選び，全文を日本語に訳しましょう。

(1) 我（　　）找新的工作。　　　　①把　②有　③在　④呢

　　日本語 ＿＿＿＿＿＿＿＿＿＿＿＿＿＿＿＿＿＿＿＿＿＿＿＿

(2) 你们（　　）开玩笑。　　　　　①别　②不　③的　④找

　　日本語 ＿＿＿＿＿＿＿＿＿＿＿＿＿＿＿＿＿＿＿＿＿＿＿＿

(3) 我（　　）书放在桌子上了。　　①把　②给　③对　④跟

　　日本語 ＿＿＿＿＿＿＿＿＿＿＿＿＿＿＿＿＿＿＿＿＿＿＿＿

3 日本語をヒントに，①〜④を並べ替えて中国語の文を完成させましょう。

(1) あの本をもう買って手に入れましたか。

　　你 ＿＿＿ ＿＿＿ ＿＿＿ ＿＿＿ 吗？　①买到　②了　③那本书　④已经

(2) 彼は冗談が好きです。

　　＿＿＿ ＿＿＿ ＿＿＿ ＿＿＿ 。　　　①玩笑　②他　③开　④喜欢

(3) わたしの鞄をとってください。

　　＿＿＿ ＿＿＿ ＿＿＿ ＿＿＿ 吧。　　①我的书包　②请　③把　④拿给我

4 次の日本語を中国語に訳して簡体字で書きましょう。

(1) 話をしてはいけません。　　　　→ ＿＿＿＿＿＿＿＿＿＿＿＿＿＿

(2) あなたの財布は見つかりましたか。→ ＿＿＿＿＿＿＿＿＿＿＿＿＿＿

(3) 彼は求人広告を見ているところです。→ ＿＿＿＿＿＿＿＿＿＿＿＿＿＿

5 これから流れる李さんと岩田さんの会話を聞いて，問いに対する答えを主語や目的語を省略せずに書きましょう。

(1)【問】岩田正在干什么？　　　　　　　　　　DL 10 / CD 10

　　【答】＿＿＿＿＿＿＿＿＿＿＿＿＿＿＿＿＿＿＿＿＿＿

(2)【問】岩田喜欢吃蛋糕吗？

　　【答】＿＿＿＿＿＿＿＿＿＿＿＿＿＿＿＿＿＿＿＿＿＿

第二课

第三课　我的新工作

1. 仕事やアルバイト、職場の様子などを詳細に紹介することができる。
2. 複文 ("不但～而且…") で複数の特徴を伝えることができる。

この課の語句

DL 11
CD 11

本文

#	中国語	ピンイン		日本語
1	点	diǎn	動	注文する, 指定する
2	草莓	cǎoméi	名	いちご
3	幕斯	mùsī	名	ムース
4	慢	màn	形	遅い, のろい, ゆっくりしている
5	用	yòng	動	(食べ物, 飲み物を)召し上がる, いただく
6	不但～而且…	búdàn~ érqiě…		～ばかりでなく…も
7	好看	hǎokàn	形	きれいである, 美しい
8	美食	měishí	名	グルメ
9	特色	tèsè	名	特色
10	受欢迎	shòu huānyíng		人気がある, 歓迎される
11	好	hǎo	副	数量の多さを強調する
12	～的话	~dehuà	助	～ならば, ～したら
13	就	jiù	副	(前の仮定"～的话"を受けて)すぐに
14	运气	yùnqì	名	運, 運勢
15	终于	zhōngyú	副	ついに, とうとう
16	减肥	jiǎnféi	動	ダイエットする
17	运动	yùndòng	動	運動する, スポーツする
18	共享	gòngxiǎng	動	シェアする, 共有する
19	环保	huánbǎo	名	"环境保护"環境保護の略語 (ここでは形容詞的に「エコである」)
20	想法	xiǎngfǎ	名	考え, アイデア
21	价钱	jiàqián	名	ねだん
22	爬山	pá shān	動	登山する, 山登りする

要点：4

会话

岩田さんは今日バイト先のケーキ屋さん併設のカフェで接客の仕事です。

岩田： 这 是 您 点 的 草莓 慕斯 蛋糕，请 慢 用！
Zhè shì nín diǎn de cǎoméi mùsī dàngāo, qǐng màn yòng!

客人： 谢谢！ 这个 蛋糕 真 漂亮！
Xièxie! Zhège dàngāo zhēn piàoliang!

岩田： 这个 蛋糕 不但 好看，而且 特别 好吃。
Zhège dàngāo búdàn hǎokàn, érqiě tèbié hǎochī.

客人： 我 在 美食 杂志上 看过 这个 蛋糕 的 介绍。
Wǒ zài měishí zázhìshang kànguo zhège dàngāo de jièshào.

岩田： 这 是 我们 店 的 特色 蛋糕，很 受 欢迎。
Zhè shì wǒmen diàn de tèsè dàngāo, hěn shòu huānyíng.

客人： 我 以前 来过 好 几 次 都 没 吃到 这个
Wǒ yǐqián láiguo hǎo jǐ cì dōu méi chīdào zhège

蛋糕。
dàngāo.

岩田： 您 要 早 来，不 早 来 的话，
Nín yào zǎo lái, bù zǎo lái dehuà,

这个 蛋糕 就 没 有 了。
zhège dàngāo jiù méi yǒu le.

客人： 是 啊。我 今天 运气 好，
Shì a. Wǒ jīntiān yùnqì hǎo,

终于 吃到了 这个 蛋糕。
zhōngyú chīdàole zhège dàngāo.

POINT ポイント

1　方位詞"～上"

(1) 桌子上 有 什么 东西？
　　Zhuōzishang yǒu shénme dōngxi?

(2) 书上 说，减肥 最 好 的 办法 是 运动。
　　Shūshang shuō, jiǎnféi zuì hǎo de bànfǎ shì yùndòng.

2　"不但～而且…"で表される複文

(1) 食堂 的 菜 不但 便宜，而且 好吃。
　　Shítáng de cài búdàn piányi, érqiě hǎochī.

(2) 共享 自行车 不但 方便，而且 环保。
　　Gòngxiǎng zìxíngchē búdàn fāngbiàn, érqiě huánbǎo.

3　"受欢迎"

(1) 这 种 手机 很 受 欢迎。
　　Zhè zhǒng shǒujī hěn shòu huānyíng.

(2) "共享" 的 想法 很 受 现代人 的 欢迎。
　　"Gòngxiǎng" de xiǎngfǎ hěn shòu xiàndàirén de huānyíng.

4　仮定"～的话，就…"

(1) 价钱 太 贵 的话，我 就 不 买 了。
　　Jiàqián tài guì dehuà, wǒ jiù bù mǎi le.

(2) 明天 不 下 雨 的话，我们 就 去 爬 山。
　　Míngtiān bú xià yǔ dehuà, wǒmen jiù qù pá shān.

これも大事！　"有人气。"「人気がある」の言い方

　最近は，日本語と良く似た"有人气"も言いますが，「動詞＋目的語」の構造を持つ言い方には，"受欢迎"もあります。また，"流行""很红""很火"もよく用いられます。"流行""红""火"は形容詞です。それぞれ次のように用います。

有人气；这 是 今年 最 有 人气 的 动漫。（これは今年の一番人気のアニメです。）
　　　　　Zhè shì jīnnián zuì yǒu rénqì de dòngmàn.

受欢迎；为什么 他 那么 受 女生 的 欢迎？（なぜ彼は女子学生にあんなに人気なんだろう。）
　　　　　Wèishénme tā nàme shòu nǚshēng de huānyíng?

流行；这个 词 在 年轻人 中 特别 流行。（この言葉は若い人たちの間で特に流行しています。）
　　　　Zhège cí zài niánqīngrén zhōng tèbié liúxíng.

很红；那个 演员 最近 很 红。（あの俳優は最近とても人気だ。）
　　　　Nàge yǎnyuán zuìjìn hěn hóng.

很火；养老 的 话题 现在 在 中国 很 火。（年金は現在中国でとても話題になっています。）
　　　　Yǎnglǎo de huàtí xiànzài zài Zhōngguó hěn huǒ.

Lesson 練習問題

1 中国語の音声を聞いて，ピンインと簡体字で書き取り，日本語に訳しましょう。　🎧 DL 14　💿 CD 14

ピンイン	中国語	日本語
(1) _____	_____	_____
(2) _____	_____	_____
(3) _____	_____	_____

2 次の空欄を埋めるのに最も適当なものを，①～④の中から1つ選び，全文を日本語に訳しましょう。

(1) 这个蛋糕店（　　　）便宜，而且很好吃。　①不过　②不但　③不是　④没有

　日本語 _____

(2) 在日本中国菜很（　　　）欢迎。　　　　　　①做　②被　③受　④给

　日本語 _____

(3) 有时间的话，我（　　　）去看那个电影。　　①就　②在　③又　④很

　日本語 _____

3 日本語をヒントに，①～④を並べ替えて中国語の文を完成させましょう。

(1) 机の上に本が一冊あります。

　_____ _____ _____ _____ 。　①有　②书　③桌子上　④一本

(2) 彼は何度もここのケーキを食べたことがあります。

　他 _____ _____ _____ _____ 。　①这儿的蛋糕　②吃过　③次　④好几

(3) 彼女は今日運がとても良い。

　她 _____ _____ _____ _____ 。　①好　②运气　③非常　④今天

4 次の日本語を中国語に訳して簡体字で書きましょう。

(1) 苺ムースのケーキは美味しいうえに見た目が良い。　→ _____

(2) 明日雨が降ったら，山登りに行くのはやめよう。　→ _____

(3) わたしは雑誌でこのケーキの紹介を見たことがある。→ _____

5 これから流れる李さんと岩田さんの会話を聞いて，問いに対する答えを主語や目的語を省略せずに書きましょう。

(1)【問】李美玲在杂志上看过草莓慕斯蛋糕的介绍吗？　🎧 DL 15　💿 CD 15

　【答】_____

(2)【問】李美玲吃过草莓慕斯蛋糕吗？

　【答】_____

第四课 我们学校的图书馆

1. 学校や職場、地元で特徴のある施設について説明することができる。
2. 伝聞について表現することができる。

この課の語句 DL 16 CD 16

	中国語	ピンイン		日本語
1	罗莎	Luóshā	名	（イタリア人女性の名前で）ローサ
2	意大利	Yìdàlì	名	イタリア
3	听说	tīng shuō	動	聞くところによると～だそうだ
4	藏书	cángshū	名	蔵書
5	民族学	mínzúxué	名	民族学
6	方面	fāngmiàn	名	分野，領域
7	珍贵	zhēnguì	形	貴重である，値打ちがある
8	图书	túshū	名	図書
9	好好儿	hǎohāor	副	しっかりと，ちゃんと
10	利用	lìyòng	動	利用する，使う
11	全天开馆	quántiān kāiguǎn		（施設が）終日オープン
12	关门	guān mén	動	門を閉める，閉館する，閉店する
13	不论～都…	búlùn~dōu…		～であれ…，～であろうが…
14	当然了	dāngrán le		もちろんだ
15	全天营业	quántiān yíngyè		（お店が）終日オープン
16	交	jiāo	動	付き合う，友達になる
17	照顾	zhàogù	動	考慮する，配慮する，気を配る，世話する
18	跑步	pǎo bù	動	ジョギングをする
19	行	xíng	形	よろしい，大丈夫である，結構である
20	海底捞火锅	Hǎidǐlāohuǒguō	名	（火鍋店の名称で）海底捞火鍋
21	环球影城	Huánqiú yǐngchéng	名	ユニバーサルスタジオ

会话

ローサさんは日本に来たばかりのイタリア人留学生で、岩田さんがキャンパスを案内しています。

岩田： 罗莎，我 给 你 介绍 一下，这 是 图书馆。
　　　Luóshā, wǒ gěi nǐ jièshào yíxià, zhè shì túshūguǎn.

罗莎： 我 在 意大利 听 老师 说过 这个 图书馆。
　　　Wǒ zài Yìdàlì tīng lǎoshī shuōguo zhège túshūguǎn.

岩田： 这里 不但 藏书 多，而且 还 有 很 多
　　　Zhèli búdàn cángshū duō, érqiě hái yǒu hěn duō

　　　民族学 方面 珍贵 的 图书。
　　　mínzúxué fāngmiàn zhēnguì de túshū.

罗莎： 太 好 了！
　　　Tài hǎo le!

　　　我 一定 要 好好儿 利用 这个 图书馆。
　　　Wǒ yídìng yào hǎohāor lìyòng zhège túshūguǎn.

岩田： 图书馆 全天开馆，不 关 门。
　　　Túshūguǎn quántiān kāiguǎn, bù guān mén.

罗莎： 那，我 不论 什么 时候 都 可以 去 看 书，
　　　Nà, wǒ búlùn shénme shíhou dōu kěyǐ qù kàn shū,

　　　对 吗？
　　　duì ma?

岩田： 当然 了。
　　　Dāngrán le.

　　　图书馆 旁边 的 咖啡店 也 全天营业。
　　　Túshūguǎn pángbiān de kāfēidiàn yě quántiān yíngyè.

罗莎： 是 吗？那，今天 晚上 我 请 你 去 那里
　　　Shì ma? Nà, jīntiān wǎnshang wǒ qǐng nǐ qù nàli

　　　喝 咖啡 吧。
　　　hē kāfēi ba.

POINT ポイント

1 "听说" "听〜说"

(1) 听说 他 下 个 月 去 意大利 留学。
    Tīng shuō tā xià ge yuè qù Yìdàlì liúxué.

(2) 我 听 田中 说，木下 最近 交了 一 个 女朋友。
    Wǒ tīng Tiánzhōng shuō, Mùxià zuìjìn jiāole yí ge nǚpéngyou.

2 "好好儿〜"

(1) 你 要 好好儿 休息。
    Nǐ yào hǎohāor xiūxi.

(2) 你 以后 要 好好儿 照顾 自己。
    Nǐ yǐhòu yào hǎohāor zhàogù zìjǐ.

3 "不论〜都…"

(1) 不论 天气 好 不 好，她 每 天 都 去 跑步。
    Búlùn tiānqì hǎo bu hǎo, tā měi tiān dōu qù pǎo bù.

(2) 你 不论 想 买 什么 都 行。
    Nǐ búlùn xiǎng mǎi shénme dōu xíng.

4 "请"

(1) 我 想 请 他 吃 海底捞火锅。
    Wǒ xiǎng qǐng tā chī Hǎidǐlāohuǒguō.

(2) 她 昨天 请 我 去了 环球影城。
    Tā zuótiān qǐng wǒ qùle Huánqiúyǐngchéng.

これも大事！ 中国のもてなし文化

中国人は，何も理由がなくても，互いにご馳走しあったり，相手の分も買ってあげたりということが，日常的によくあります。これは，親しい間柄であっても，そうでなくても，相手を思うもてなしの気持ちの現れです。こうした場面では，"请你 qǐng nǐ〜"が用いられます。

我请你吃饭。Wǒ qǐng nǐ chī fàn. ご飯をご馳走しますよ。
我请你喝茶。Wǒ qǐng nǐ hē chá. お茶でもご馳走します。

食事や飲み物だけではありません。映画やコンサートに招待してもてなしの気持ちを表すこともあります。

我请你看电影。Wǒ qǐng nǐ kàn diànyǐng. 映画に招待します。
我请你去听音乐会。Wǒ qǐng nǐ qù tīng yīnyuèhuì. コンサートに招待します。

また，どこか食事に行こう，とか，何かしに行こう，というときに，

我请你吧！Wǒ qǐng nǐ ba! わたしがご馳走するわ。（わたしが招待しますよ。）

と，言い足すこともしばしばです。

Lesson 練習問題

1 中国語の音声を聞いて，ピンインと簡体字で書き取り，日本語に訳しましょう。

 DL 19 / CD 19

　　　　ピンイン　　　　　　　中国語　　　　　　　日本語

(1) _____　_____　_____

(2) _____　_____　_____

(3) _____　_____　_____

2 次の空欄を埋めるのに最も適当なものを，①〜④の中から1つ選び，全文を日本語に訳しましょう。

(1) 我（　　　）你介绍一下我们学校。　　　①到　②从　③对　④给

　日本語 _____

(2) 我（　　　）李美玲说她暑假想去美国。　①看　②见　③听　④吃

　日本語 _____

(3) 不论什么时候，你们（　　　）可以来我家玩儿。　①也　②都　③再　④还

　日本語 _____

3 日本語をヒントに，①〜④を並べ替えて中国語の文を完成させましょう。

(1) あなたは絶対にしっかりと休まなくてはなりません。
　　你 _____ _____ _____ _____ 。　①要　②休息　③好好儿　④一定

(2) 彼によるとあの店は24時間営業だそうです。
　　_____ _____ _____ _____ 全天营业。①那个店　②他　③说　④听

(3) あなたはいつでも来てかまいません。
　　你 _____ _____ _____ _____ 来。　①都　②什么时候　③可以　④不论

4 次の日本語を中国語に訳して簡体字で書きましょう。

(1) あなたはしっかりとこの図書館を利用しなくてはなりません。→ _____

(2) いつでも図書館に本を読みに行くことができます。→ _____

(3) わたしはあなたにコーヒーをご馳走しましょう。→ _____

5 これから流れる岩田さんとローサさんによる中国語の会話を聞いて，問いに対する答えを主語や目的語を省略せずに書きましょう。

(1)【問】罗莎说要好好儿利用什么？　　DL 20 / CD 20

　【答】 _____

(2)【問】罗莎请岩田喝什么？

　【答】 _____

第五课 准备期末考试

1. ものごとの理由とその結果について説明することができる。
2. 受身表現で誰かに何かをされる・されたことを説明できる。

この課の語句 DL 21 / CD 21

	中国語	ピンイン		日本語
1	快～了	kuài~le		もうすぐ～である, もうすぐ～しそうだ
2	复习	fùxí	動	復習する
3	一点儿都～	yìdiǎnr dōu~		少しも～
4	信心	xìnxīn	名	自信
5	根本	gēnběn	副	(否定文で)まるっきり, 根っから, もともと
6	紧张	jǐnzhāng	動	緊張する
7	为什么	wèishénme		なぜ, どうして
8	准备	zhǔnbèi	動	準備する
9	以为	yǐwéi	動	思う, 考える(多くの場合で事実とは異なる)
10	真的	zhēnde	副	本当に
11	认真	rènzhēn	形	まじめである, いい加減ではない
12	被	bèi	介	～に…される
13	批评	pīpíng	動	注意する, 叱る, 意見をする
14	伤心	shāng xīn	動	傷つく, 悲しい思いをする
15	但	dàn	接	しかし
16	困	kùn	形	眠い
17	滑冰	huá bīng	動	スケートをする
	滑冰	huábīng	名	アイススケート
18	偷	tōu	動	盗む
19	不用	búyòng	副	～しなくてよい
20	懂	dǒng	動	わかる, 理解する
21	拿走	názǒu		持って行く

DL 22
CD 22

期末試験を控え，岩田さんと李さんの会話も自ずと試験の話になりがちです。

美玲： 快 期末 考试 了，你 开始 复习 了 吗？
　　　Kuài qīmò kǎoshì le, nǐ kāishǐ fùxí le ma?

岩田： 没有，我 还 一点儿 都 没 复习 呢。
　　　Méiyou, wǒ hái yìdiǎnr dōu méi fùxí ne.

美玲： 那，你 是 不 是 对 考试 很 有 信心 啊？
　　　Nà, nǐ shì bu shì duì kǎoshì hěn yǒu xìnxīn a?

岩田： 根本 不 是。我 一 考试 就 紧张。
　　　Gēnběn bú shì. Wǒ yì kǎoshì jiù jǐnzhāng.

美玲： 那，你 为什么 不 早 点儿 准备 啊？
　　　Nà, nǐ wèishénme bù zǎo diǎnr zhǔnbèi a?

岩田： 我 以为 离 考试 还 有 很 长 时间 呢。
　　　Wǒ yǐwéi lí kǎoshì hái yǒu hěn cháng shíjiān ne.

美玲： 你 对 学习 真的 是 太 不 认真 了。
　　　Nǐ duì xuéxí zhēnde shì tài bú rènzhēn le.

岩田： 我 又 被 你 批评 了。好 伤心 啊！
　　　Wǒ yòu bèi nǐ pīpíng le. Hǎo shāngxīn a!

1 "一点儿也/都～"

(1) 这个 电影 一点儿 都 不 好看。
　　Zhège diànyǐng yìdiǎnr dōu bù hǎokàn.

(2) 快 十二 点 了，但 我 一点儿 也 不 困。
　　Kuài shí'èr diǎn le, dàn wǒ yìdiǎnr yě bú kùn.

2 "一～就…"

(1) 我 一 看 书 就 困。
　　Wǒ yí kàn shū jiù kùn.

(2) 滑冰 很 简单，一 学 就 会。
　　Huábīng hěn jiǎndān, yì xué jiù huì.

3 受身 "被"（＋動作主）＋動詞

(1) 我 的 蛋糕 被 弟弟 吃 了。
　　Wǒ de dàngāo bèi dìdi chī le.

(2) 我 的 钱包 被 偷走 了。
　　Wǒ de qiánbāo bèi tōuzǒu le.

4 "是不是"

(1) A:你 是 不 是 不 喜欢 我？ B:没 有 啊，我 很 喜欢 你。
　　　Nǐ shì bu shì bù xǐhuan wǒ? 　Méi you a, wǒ hěn xǐhuan nǐ.

(2) A:明天 是 不 是 要 来 学校？ B:明天 不用 来 学校。
　　　Míngtiān shì bu shì yào lái xuéxiào? 　Míngtiān búyòng lái xuéxiào.

これも大事！ "好伤心啊!" ひとことで気持ちが伝わる表現

そのひとことで気持ちを伝えることができる表現があります。良い，悪いを，とやかく言うことなく伝える言い方は，使い方を間違えなければ，とても役立つひとことです。

良い！

好　"太 好 了!"（とても良い…やったあ！）
　　Tài hǎo le!

巧　"真 巧!"（うまい具合だ…ラッキー！）
　　Zhēn qiǎo!

悪い！

倒霉　"真 倒霉!"（本当に運が悪い…ついてない！）
　　　Zhēn dǎoméi!

不巧　"真 不 巧!"（本当に運が悪い…タイミング悪！）
　　　Zhēn bù qiǎo!

Lesson 練習問題

1 中国語の音声を聞いて，ピンインと簡体字で書き取り，日本語に訳しましょう。

DL 24　CD 24

　　　　ピンイン　　　　　　中国語　　　　　　日本語

(1) ＿＿＿＿＿＿＿＿　＿＿＿＿＿＿＿＿　＿＿＿＿＿＿＿＿

(2) ＿＿＿＿＿＿＿＿　＿＿＿＿＿＿＿＿　＿＿＿＿＿＿＿＿

(3) ＿＿＿＿＿＿＿＿　＿＿＿＿＿＿＿＿　＿＿＿＿＿＿＿＿

2 次の空欄を埋めるのに最も適当なものを，①〜④の中から１つ選び，全文を日本語に訳しましょう。

(1) 我一点儿（　　）没复习呢。　　①在　②又　③都　④再

　日本語 ＿＿＿＿＿＿＿＿＿＿＿＿＿＿＿＿＿＿＿＿＿

(2) 你（　　）不喜欢我？　　①对不对　②在不在　③好不好　④是不是

　日本語 ＿＿＿＿＿＿＿＿＿＿＿＿＿＿＿＿＿＿＿＿＿

(3) 我一考试（　　）很紧张。　　①对　②就　③才　④再

　日本語 ＿＿＿＿＿＿＿＿＿＿＿＿＿＿＿＿＿＿＿＿＿

3 日本語をヒントに，①〜④を並べ替えて中国語の文を完成させましょう。

(1) わたしは少しも準備していません。

　我 ＿＿＿ ＿＿＿ ＿＿＿ ＿＿＿。　①准备　②一点儿　③没　④都

(2) わたしは見てすぐにわかりました。

　我 ＿＿＿ ＿＿＿ ＿＿＿ ＿＿＿ 了。　①就　②懂　③一　④看

(3) わたしの本は兄に持って行かれました。

　＿＿＿ ＿＿＿ ＿＿＿ ＿＿＿ 了。　①被　②拿走　③哥哥　④我的书

4 次の日本語を中国語に訳して簡体字で書きましょう。

(1) わたしは少しもわかりません。　→ ＿＿＿＿＿＿＿＿＿＿＿＿＿

(2) 彼女は帰宅するとすぐに寝ました。　→ ＿＿＿＿＿＿＿＿＿＿＿＿＿

(3) わたしはまた母に叱られました。　→ ＿＿＿＿＿＿＿＿＿＿＿＿＿

5 これから流れる李さんと岩田さんによる中国語の会話を聞いて，問いに対する答えを主語や目的語を省略せずに書きましょう。

(1)【問】岩田已经开始复习了吗？

DL 25　CD 25

　【答】＿＿＿＿＿＿＿＿＿＿＿＿＿＿＿＿＿＿＿＿＿

(2)【問】岩田对考试有信心吗？

　【答】＿＿＿＿＿＿＿＿＿＿＿＿＿＿＿＿＿＿＿＿＿

第五课

第六课　考试后的放松

1. 気持ち、手応えなどを説明することができる。
2. 予定について説明することができる。

この課の語句　DL 26　CD 26

本文

#	中国語	ピンイン		日本語
1	好事儿	hǎoshìr	名	いいこと
2	放松	fàngsōng	動	リラックスする、気を緩める
3	每〜都…	měi~dōu…		毎〜いつも…
4	开夜车	kāi yèchē		夜なべをする、徹夜する
5	还可以	hái kěyǐ		まずまずである

要点

#	中国語	ピンイン		日本語
6	连	lián	介	("连…都"の形で)〜さえも、〜でさえ
7	担心	dān xīn	動	心配する、気にかける
8	答出来	dáchūlai	動	答える、答えを出す
9	只要〜就…	zhǐyào~jiù…		〜でさえあれば…
10	成功	chénggōng	動	成功する
11	对了	duì le		そうだ　これも大事！も参照
12	安排	ānpái	動	段取りする、手配する
			名	段取り、予定
13	开车	kāi chē	動	車を運転する
14	驾驶	jiàshǐ	動	(乗り物を)運転する、操縦する
15	执照	zhízhào	名	許可証、免許証
16	道理	dàolǐ	名	(ものの)道理、理屈
17	典型	diǎnxíng	形	典型的である
18	急性子	jíxìngzi	名	せっかち
19	等不了	děngbuliǎo		待てない
20	取得	qǔdé	動	とる、獲得する、勝ち取る
21	到底	dàodǐ	副	結局のところ、一体全体
22	事儿	shìr	名	事、事柄

DL 27
CD 27

期末試験も無事終わり、夏休みが楽しみな岩田さんですが、感謝の気持ちも忘れてはいません。

美玲： 你 这么 高兴，有 什么 好事儿 吗？
　　　 Nǐ zhème gāoxìng, yǒu shénme hǎoshìr ma?

岩田： 期末 考试 终于 考完 了，
　　　 Qīmò kǎoshì zhōngyú kǎowán le,
　　　 可以 放松 一下 了。
　　　 kěyǐ fàngsōng yíxià le.

美玲： 你 考试 前 每 天 都 开 夜车，
　　　 Nǐ kǎoshì qián měi tiān dōu kāi yèchē,
　　　 你 觉得 考得 好 不 好？
　　　 nǐ juéde kǎode hǎo bu hǎo?

岩田： 还 可以。
　　　 Hái kěyǐ.
　　　 连 我 最 担心 的 汉语 也 都 答出来 了。
　　　 Lián wǒ zuì dānxīn de Hànyǔ yě dōu dáchūlai le.

美玲： 你 看，只要 努力了 就 一定 能 成功。
　　　 Nǐ kàn, zhǐyào nǔlìle jiù yídìng néng chénggōng.

岩田： 是 啊。不过 也 要 好好儿 感谢 你 的 批评 啊。
　　　 Shì a. Búguò yě yào hǎohāor gǎnxiè nǐ de pīpíng a.

美玲： 那，你 请 我 吃 蛋糕 吧。
　　　 Nà, nǐ qǐng wǒ chī dàngāo ba.
　　　 …对 了，你 暑假 有 什么 安排？
　　　 …Duì le, nǐ shǔjià yǒu shénme ānpái?

岩田： 我 打算 学 开 车，考 驾驶执照。
　　　 Wǒ dǎsuan xué kāi chē, kǎo jiàshǐ zhízhào.

POINT

1 "连～也 / 都…"

(1) 这个　道理　连　小孩儿　都　懂。
　　 Zhège dàolǐ lián xiǎoháir dōu dǒng.

(2) 他　是　典型　的　急性子，连　一　分钟　也　等不了。
　　 Tā shì diǎnxíng de jíxìngzi, lián yì fēnzhōng yě děngbuliǎo.

2 "只要～就…"

(1) 只要　好好儿　学习，就　能　取得　好　成绩。
　　 Zhǐyào hǎohāor xuéxí, jiù néng qǔdé hǎo chéngjì.

(2) 你　有　什么　问题，只要　告诉　我　就　可以　了。
　　 Nǐ yǒu shénme wèntí, zhǐyào gàosu wǒ jiù kěyǐ le.

3 様態補語

(1) 他（说）英语　说得　很　好。
　　 Tā (shuō) Yīngyǔ shuōde hěn hǎo.

(2) 她　今天　起得　比　平时　早　一　个　小时。
　　 Tā jīntiān qǐde bǐ píngshí zǎo yí ge xiǎoshí.

4 疑問詞＋"吗"　疑問詞の不定詞用法

(1) 你　有　什么　事儿　吗？
　　 Nǐ yǒu shénme shìr ma?

(2) 这里　到底　发生了　什么　事儿，谁　能　告诉　我　吗？
　　 Zhèli dàodǐ fāshēngle shénme shìr, shéi néng gàosu wǒ ma?

これも大事！　"糟糕！"おもわず口をついて出るひとこと

思わず口をついて出たひとことは，ストレートに気持ちを表現し，相手に伝えることができます。わざとらしい不自然な言い方にならないように，気持ちを込めて言いましょう。

対了…"对 了！你 的 手机 找到 了 吗？"（そうだ，スマホは見つかった？）
　　　　 Duì le! Nǐ de shǒujī zhǎodào le ma?

糟糕…"糟糕！我 好像 买错 票 了。"（しまった，きっぷを買い間違えたみたい。）
　　　　 Zāogāo! Wǒ hǎoxiàng mǎicuò piào le.

坏了…"坏 了！我 今天 忘了 带 钱包 了。"（しまった，財布を忘れてしまった。）
　　　　 Huài le! Wǒ jīntiān wàngle dài qiánbāo le.

算了…"算 了！算 了！你们 俩 别 吵 了！"（もういい！ ふたりとも口げんかはやめて。）
　　　　 Suàn le! Suàn le! Nǐmen liǎ bié chǎo le!

Lesson  練習問題

1 中国語の音声を聞いて，ピンインと簡体字で書き取り，日本語に訳しましょう。 DL 29 / CD 29

	ピンイン	中国語	日本語
(1)	_____	_____	_____
(2)	_____	_____	_____
(3)	_____	_____	_____

2 次の空欄を埋めるのに最も適当なものを，①〜④の中から１つ選び，全文を日本語に訳しましょう。

(1) 期末考试，你考（　　　）好吗？　　①的　②得　③地　④了

日本語 _____

(2) 这么简单的道理连我（　　　）懂。　　①都　②还　③再　④就

日本語 _____

(3) 只要努力（　　　）能取得好成绩。　　①就　②才　③也　④都

日本語 _____

3 日本語をヒントに，①〜④を並べ替えて中国語の文を完成させましょう。

(1) 何か飲みたいですか。

你 _____ _____ _____ _____ ？　　①想　②什么　③吗　④喝点儿

(2) 期末テストは，彼女は出来がとても良かった。

期末考试，她 _____ _____ _____ _____ 。　①考　②好　③非常　④得

(3) 彼は有名で，子どもでも彼を知っています。

他很有名，_____ _____ _____ _____ 他。　①小孩儿　②知道　③连　④都

4 次の日本語を中国語に訳して簡体字で書きましょう。

(1) わたしでもわかります。　→ _____

(2) 努力しさえすれば成功することができます。　→ _____

(3) 何か用事がありますか。　→ _____

5 これから流れる李さんと岩田さんによる中国語の会話を聞いて，問いに対する答えを主語や目的語を省略せずに書きましょう。

(1)【問】岩田觉得期末考试考得好吗？　　DL 30 / CD 30

【答】_____

(2)【問】岩田打算暑假做什么？

【答】_____

第六課

第七课 暑假生活

1. 休暇の過ごし方を説明することが出来る。
2. 物事の様子や程度、状態を詳細な表現で説明することができる。

この課の語句 DL 31 / CD 31

	中国語	ピンイン		日本語
1	过	guò	動	過ごす
2	让	ràng	動	～させる
3	难忘	nánwàng	動	忘れ難い,忘れられない
4	肯定	kěndìng	副	確かに,きっと,間違いなく
5	充实	chōngshí	形	充実している
6	快乐	kuàilè	形	楽しい,満ち足りている
7	驾照	jiàzhào	名	運転免許証
8	羡慕	xiànmù	動	羨ましく思う,羨む
9	像～一样	xiàng~yíyàng		～と同じである,～のようである
10	澳大利亚	Àodàlìyà	名	オーストラリア
11	不错	búcuò	形	なかなか良い,結構である
12	俱乐部	jùlèbù	名	クラブ
13	部长	bùzhǎng	名	部長
14	请假	qǐngjià	動	休みを取る,休暇を申請する
15	俩	liǎ	数	（"两"と"个"を合わせた言い方で）ふたつ,ふたり
16	关系	guānxi	名	関係
17	亲	qīn	形	実の
18	口	kǒu	量	標準の言語を数える量詞
19	流利	liúlì	形	流暢である
20	跳舞	tiàowǔ	名	ダンス
		tiào wǔ	動	ダンスする,踊る

岩田さんと李さんは夏休みをどのように過ごしたのでしょうか。

美玲： 你 暑假 过得 怎么样？
Nǐ shǔjià guòde zěnmeyàng?

岩田： 过得 很 愉快，今年 的 暑假 让 我 很 难忘。
Guòde hěn yúkuài, jīnnián de shǔjià ràng wǒ hěn nánwàng.

美玲： 那，你 暑假 过得 肯定 很 充实 和 快乐。
Nà, nǐ shǔjià guòde kěndìng hěn chōngshí hé kuàilè.

岩田： 对，我 不但 取得了 驾照，
Duì, wǒ búdàn qǔdéle jiàzhào,
而且 还 交了 很 多 朋友。
érqiě hái jiāole hěn duō péngyou.

美玲： 真 羡慕 你。我 也 很 想 像 你 一样 过
Zhēn xiànmù nǐ. Wǒ yě hěn xiǎng xiàng nǐ yíyàng guò
一 个 这样 的 暑假。
yí ge zhèyàng de shǔjià.

岩田： 你 暑假 过得 不 愉快 吗？
Nǐ shǔjià guòde bù yúkuài ma?
你 没 去 旅游 吗？
Nǐ méi qù lǚyóu ma?

美玲： 没 去。我 去 澳大利亚 留了 一 个 月 学。
Méi qù. Wǒ qù Àodàlìyà liúle yí ge yuè xué.

岩田： 那 也 很 不错 啊！
Nà yě hěn búcuò a!
你 的 英语 肯定 更 好 了 吧。
Nǐ de Yīngyǔ kěndìng gèng hǎo le ba.

1 使役"让"

(1) 他 的 话 让 我 很 感动。
    Tā de huà ràng wǒ hěn gǎndòng.

(2) 我们 俱乐部 的 部长 明天 不 让 我 请假。
    Wǒmen jùlèbù de bùzhǎng míngtiān bú ràng wǒ qǐng jià.

2 動詞+"得"+"怎么样"

(1) 他 开 车 开得 怎么样?
    Tā kāi chē kāide zěnmeyàng?

(2) 他 唱 卡拉 OK 唱得 怎么样?
    Tā chàng kǎlā'OK chàngde zěnmeyàng?

3 "像〜一样"

(1) 他们 俩 关系 很 好, 像 亲 兄弟 一样。
    Tāmen liǎ guānxi hěn hǎo, xiàng qīn xiōngdì yíyàng.

(2) 我 很 想 像 她 一样, 说 一 口 流利 的 英语。
    Wǒ hěn xiǎng xiàng tā yíyàng, shuō yì kǒu liúlì de Yīngyǔ.

4 離合詞 "上完课""留了一个月学"

(1) 我 一 个 星期 跳 两 次 舞。
    Wǒ yí ge xīngqī tiào liǎng cì wǔ.

(2) 妈妈 每 天 睡 六 个 小时 觉。
    Māma měi tiān shuì liù ge xiǎoshí jiào.

これも大事！ インバウンド観光にまつわる国・地域

日本を訪れる外国人旅行客がますます増えて行きそうな気配ですが，総務省が発表するランキング上位は以下の通り，ほとんどがアジアの国と地域です。インバウンド観光から見ても，アジアとの結びつきの大きさが一目瞭然です。

中国（中国）　　　　韩国（韓国）　　　　台湾（台湾）
Zhōngguó　　　　　Hánguó　　　　　　Táiwān

香港（香港）　　　　美国（アメリカ）　　泰国（タイ）
Xiānggǎng　　　　　Měiguó　　　　　　Tàiguó

澳大利亚（オーストラリア）　　马来西亚（マレーシア）
Àodàlìyà　　　　　　　　　　　Mǎláixīyà

新加坡（シンガポール）　　　　菲律宾（フィリピン）
Xīnjiāpō　　　　　　　　　　　Fēilǜbīn

Lesson 練習問題

1 中国語の音声を聞いて，ピンインと簡体字で書き取り，日本語に訳しましょう。　DL 34　CD 34

	ピンイン	中国語	日本語
(1)	_____	_____	_____
(2)	_____	_____	_____
(3)	_____	_____	_____

2 次の空欄を埋めるのに最も適当なものを，①〜④の中から1つ選び，全文を日本語に訳しましょう。

(1) 今年暑假的旅游（　　）我很难忘。　①给　②让　③被　④对

　日本語 _____

(2) 她英语说得（　　）?　①什么　②怎么　③怎么样　④哪个

　日本語 _____

(3) 我想像你（　　）交很多朋友。　①一起　②一共　③也都　④一样

　日本語 _____

3 日本語をヒントに，①〜④を並べ替えて中国語の文を完成させましょう。

(1) 彼の話はわたしを悲しませました。

　_____　_____　_____　_____。　①很伤心　②他的话　③让　④我

(2) 彼女は中国人のように流暢に中国語を話します。

　她汉语说得 _____　_____　_____　_____。　①中国人　②流利　③一样　④像

(3) わたしは香港に行って2か月留学しました。

　我去香港 _____　_____　_____　_____。　①两个月　②留　③学　④了

4 次の日本語を中国語に訳して簡体字で書きましょう。

(1) 彼女は英語が話せるだけでなく，中国語も話せます。→ _____

(2) 父はわたしを外国へ旅行に行かせません。→ _____

(3) わたしもあなたのように中国に行って1か月留学しました。→ _____

5 これから流れる李さんと岩田さんによる中国語の会話を聞いて，問いに対する答えを主語や目的語を省略せずに書きましょう。

(1)【問】　　　　　　　　　　　　　　　　　　　　　DL 35　CD 35

　【答】_____

(2)【問】

　【答】_____

第八课 一天实习

1. 参加した行事の内容や感じたことを表現することができる。
2. 助動詞"会"で強い可能性や熟練度を表現することができる。

この課の語句 DL 36 / CD 36

	中国語	ピンイン		日本語
1	第一次	dì yī cì		はじめて
2	一天实习	yìtiānshíxí	名	1dayインターンシップ
3	小组	xiǎozǔ	名	グループ
4	讨论	tǎolùn	名	討論
5	习惯	xíguàn	動	慣れる
6	贸易	màoyì	名	貿易
7	了不起	liǎobuqǐ	形	大したものである, 際立っている
8	过奖	guòjiǎng	動	(挨拶ことばに用いて)褒め過ぎである
9	凡事	fánshì	名	万事, すべての事
10	向	xiàng	介	(人・事物)から, に(学ぶ・借りる・求める等)
11	夸	kuā	動	褒める
12	互相	hùxiāng	副	お互いに
13	帮助	bāngzhù	動	助ける, 手助けする
14	着急	zháojí	形	焦る, いらだつ
15	联系	liánxì	動	連絡する, 連絡をとる
16	件	jiàn	量	事柄や文書・荷物・上着などを数える量詞
17	辣	là	形	辛い
18	其他	qítā	代	その他の, ほかの
19	学哥	xuégē	名	(男性の)先輩
20	学姐	xuéjiě	名	(女性の)先輩
21	老是	lǎoshi	副	いつも
22	贪玩儿	tān wánr		遊び呆ける

1day インターンシップを終えた岩田さんは，グループディスカッションに参加していた田中さんと途中まで一緒に帰ることになりましたが…

岩田： 第一次 参加 一天实习 的 小组 讨论，太 紧张 了。
　　　Dì yī cì cānjiā yìtiānshíxí de xiǎozǔ tǎolùn, tài jǐnzhāng le.

田中： 第一次 谁 都 会 紧张 的，习惯了 就 好 了。
　　　Dì yī cì shéi dōu huì jǐnzhāng de, xíguànle jiù hǎo le.

岩田： 是 吗？你 将来 想 去 哪里 工作？
　　　Shì ma? Nǐ jiānglái xiǎng qù nǎli gōngzuò?

田中： 除了 贸易 公司 以外，我 哪里 也 不 想 去。
　　　Chúle màoyì gōngsī yǐwài, wǒ nǎli yě bù xiǎng qù.

岩田： 你 现在 就 决定了 将来 想 做 的 工作，真 了不起！
　　　Nǐ xiànzài jiù juédìngle jiānglái xiǎng zuò de gōngzuò, zhēn liǎobuqǐ!

田中： 你 过奖 了！凡事 早 做 打算 一直 是 我 的 习惯。
　　　Nǐ guòjiǎng le! Fánshì zǎo zuò dǎsuan yìzhí shì wǒ de xíguàn.

岩田： 你 这个 习惯 太 好 了。我 要 向 你 学习！
　　　Nǐ zhège xíguàn tài hǎo le. Wǒ yào xiàng nǐ xuéxí!

田中： 你 真 会 夸 人。以后 大家 互相 帮助 和 学习 吧。
　　　Nǐ zhēn huì kuā rén. Yǐhòu dàjiā hùxiāng bāngzhù hé xuéxí ba.

1 "会～的"

(1) 别 着急，他 肯定 会 跟 你 联系 的。
　　Bié zháojí, tā kěndìng huì gēn nǐ liánxì de.

(2) 他 知道 这 件 事儿 后，肯定 会 不 高兴 的。
　　Tā zhīdao zhè jiàn shìr hòu, kěndìng huì bù gāoxìng de.

2 "除了～以外"

(1) 他 除了 会 说 汉语 以外，还 会 说 法语。
　　Tā chúle huì shuō Hànyǔ yǐwài, hái huì shuō Fǎyǔ.

(2) 我 除了 不 能 吃 辣的 以外，其他的 都 没 问题。
　　Wǒ chúle bù néng chī làde yǐwài, qítāde dōu méi wèntí.

3 "向～学习"

(1) 我 要 向 学哥、学姐 学习。
　　Wǒ yào xiàng xuégē、xuéjiě xuéxí.

(2) 你 要 向 哥哥 学习，不 能 老是 贪玩儿。
　　Nǐ yào xiàng gēge xuéxí, bù néng lǎoshi tān wánr.

4 "很"+"会"

(1) 他 很 会 夸 人。
　　Tā hěn huì kuā rén.

(2) 我 妹妹 很 会 买 东西。
　　Wǒ mèimei hěn huì mǎi dōngxi.

これも大事！ 中国の大学生の就活

　　校园宣讲会 xiàoyuán xuānjiǎnghuì　キャンパス企業説明会

企業が大学で開催する説明会です。この説明会に参加しないと，次のステップには進めません。

　　职位申请 zhíwèi shēnqǐng　職種別申請

職種別に応募することです。中国では，職種別，職務別で人材を募集することが多いため，応募条件も職種，職務別によって異なり，個別に応募します。

　　校园招聘 xiàoyuán zhāopìn　新卒採用

校园はキャンパス，招聘は募集です。上の"职位申请"に見られるように，大学での専攻分野が就職活動に直結します。

　　岗位要求 gǎngwèi yāoqiú　応募必要条件

募集する職種や職務ごとに要求される応募条件です。ふつうは学歴や専門分野が明示されています。

新卒採用の就職までの流れの一例

　　网申 wǎngshēn ネット申請　→　人事评估 rénshì pínggū 人事評価
　　→ 专业面试 zhuānyè miànshì 面接試験　→ 综合审批 zōnghé shěnpī 総合認定
　　→ 正式入职 zhèngshì rùzhí 正式採用

Lesson 練習問題

① 中国語の音声を聞いて，ピンインと簡体字で書き取り，日本語に訳しましょう。 　DL 39　CD 39

	ピンイン	中国語	日本語
(1)	_____	_____	_____
(2)	_____	_____	_____
(3)	_____	_____	_____

第八课

② 次の空欄を埋めるのに最も適当なものを，①〜④の中から1つ選び，全文を日本語に訳しましょう。

(1) 第一次谁都（　　）紧张的。　　①会　②能　③可以　④要

　　日本語 _____

(2) （　　）中国以外，我还去过美国。　　①还是　②除了　③而且　④如果

　　日本語 _____

(3) 你要（　　）妹妹学习，别贪玩儿。　　①对　②给　③向　④在

　　日本語 _____

③ 日本語をヒントに，①〜④を並べ替えて中国語の文を完成させましょう。

(1) わたしはこれからしっかりとあなたを見習わなくてはなりません。

　　我以后要 _____ _____ _____ _____。　①向　②好好儿　③你　④学习

(2) 彼は用事があるので，明日は来ることはないはずです。

　　他有事，明天 _____ _____ _____ _____。　①来　②会　③的　④不

(3) あなたは本当に買い物上手ですね。

　　你 _____ _____ _____ _____ 啊！　①东西　②买　③会　④真

④ 次の日本語を中国語に訳して簡体字で書きましょう。

(1) 中国以外，わたしはどこへも行きたくありません。　→ _____

(2) 初めてなら誰でも緊張するはずです。　→ _____

(3) 今日の午後はきっと雨が降るはずです。　→ _____

⑤ これから流れる田中さんと岩田さんによる中国語の会話を聞いて，問いに対する答えを主語や目的語を省略せずに書きましょう。

(1)【問】　　　　　　　　　　　　　　　　　　　　　　　DL 40　CD 40

　　【答】_____

(2)【問】

　　【答】_____

37

第九课　做 PPT 报告

1. いま行っている作業の経過や結果を伝えることができる。
2. 「少し」のニュアンスを使い分けて表現することができる。

この課の語句　DL 41／CD 41

	中国語	ピンイン		日本語
1	做	zuò	動	作る，作成する
2	还是	háishi	副	やはり
3	放心	fàng xīn	動	安心する
4	需要	xūyào	動	～を必要とする，～が求められる
5	改进	gǎijìn	動	改善する，改良する
6	地方	dìfang	名	ところ，場所，部分
7	以～	yǐ~	介	～で，～を以って
8	展开	zhǎnkāi	動	繰り広げる，展開する
9	论述	lùnshù	動	論述する，述べる
10	好像	hǎoxiàng	副	～のようである，～のような気がする
11	最好	zuìhǎo	副	～するのが良い
12	删掉	shāndiào	動	削除する
13	遍	biàn	量	（最初から最後まで通して）回
14	整体	zhěngtǐ	名	全体，総体
15	效果	xiàoguǒ	名	効果
16	原来	yuánlái	名	元々，当初，はじめ
17	切	qiē	動	切る，カットする
18	块儿	kuàir	名	かたまり
19	报纸	bàozhǐ	名	新聞
20	读	dú	動	（声を出して）読む
21	咸	xián	形	塩辛い，しょっぱい
22	蔬菜	shūcài	名	野菜
23	念	niàn	動	声に出して読む

岩田さんは、いよいよ来週に迫ったゼミ発表のために，ラーニングコモンズでラーニングアシスタント (LA) からアドバイスを受けています。

LA： 第一次做PPT，做成这样已经很不错了。
Dì yī cì zuò PPT, zuòchéng zhèyàng yǐjīng hěn búcuò le.

岩田： 谢谢！不过，我还是有点儿不放心。
Xièxie! Búguò, wǒ háishi yǒudiǎnr bú fàng xīn.

LA： 那，一起来看看吧，
Nà, yìqǐ lái kànkan ba,
看看有什么需要改进的地方。
kànkan yǒu shénme xūyào gǎijìn de dìfang.

岩田： 好！您看，
Hǎo! Nín kàn,
以这样的方式展开论述，可以吗？
yǐ zhèyàng de fāngshì zhǎnkāi lùnshù, kěyǐ ma?

LA： 可以。
Kěyǐ.
字儿好像太多了，最好删掉一点儿。
Zìr hǎoxiàng tài duō le, zuìhǎo shāndiào yìdiǎnr.

岩田： 好的。您看，删掉这个部分，可以吗？
Hǎode. Nín kàn, shāndiào zhège bùfen, kěyǐ ma?

LA： 没问题。你再看一遍整体的效果。
Méi wèntí. Nǐ zài kàn yí biàn zhěngtǐ de xiàoguǒ.

岩田： 我觉得比原来好多了。谢谢！
Wǒ juéde bǐ yuánlái hǎo duō le. Xièxie!

POINT ポイント

1　結果補語　動詞＋"成"

(1) 你 把 蛋糕 切成 小 块儿。
Nǐ bǎ dàngāo qiēchéng xiǎo kuàir.

(2) 他 把 "报纸" 读成 "包子" 了。
Tā bǎ "bàozhǐ" dúchéng "bāozi" le.

2　"有点儿"と"一点儿"

(1) 这个 菜 有点儿 咸。
Zhège cài yǒudiǎnr xián.

(2) 这个 菜 比 那个 菜 咸 一点儿。
Zhège cài bǐ nàge cài xián yìdiǎnr.

3　"最好"

(1) 睡觉 前, 你 最好 别 喝 咖啡。
Shuìjiào qián, nǐ zuìhǎo bié hē kāfēi.

(2) 你 平时 最好 多 吃 蔬菜 和 水果。
Nǐ píngshí zuìhǎo duō chī shūcài hé shuǐguǒ.

4　動量詞"遍"

(1) 这 本 小说 我 已经 看了 两 遍 了。
Zhè běn xiǎoshuō wǒ yǐjīng kànle liǎng biàn le.

(2) 老师 让 学生 念 一 遍 课文。
Lǎoshī ràng xuésheng niàn yí biàn kèwén.

これも大事！　AI化に関連する中国語

中国でもAI化が盛んで，各企業はそれぞれの分野で開発を進めています。

人工智能 réngōng zhìnéng（人工知能，AI）

AI机器人/智能机器人 AI jīqìrén / zhìnéng jīqìrén（AIロボット／人口知能ロボット）

自动翻译 zìdòng fānyì（自動翻訳）

自动驾驶 zìdòng jiàshǐ（自動運転）

智能语音技术 zhìnéng yǔyīn jìshù（AI音声認証）

百度 Bǎidù（バイドゥ）

阿里巴巴 Ālǐbābā（アリババ）

Lesson 練習問題

1 中国語の音声を聞いて，ピンインと簡体字で書き取り，日本語に訳しましょう。　DL 44　CD 44

	ピンイン	中国語	日本語
(1)	_____	_____	_____
(2)	_____	_____	_____
(3)	_____	_____	_____

2 次の空欄を埋めるのに最も適当なものを，①～④の中から１つ選び，全文を日本語に訳しましょう。

(1) 我们把这个蛋糕切（　　）六块儿吧。　①上　②下　③到　④成

日本語 _____

(2) 今天（　　）冷。　　　　　　　　　①一点儿　②有点儿　③一下　④一会儿

日本語 _____

(3) 这个PPT你再看一（　　）吧。　　　①遍　②本　③把　④张

日本語 _____

3 日本語をヒントに，①～④を並べ替えて中国語の文を完成させましょう。

(1) わたしは「十」を「四」と読みました。

我 _____ _____ _____ _____ "四"。　①成　②把　③读　④"十"

(2) 今日は昨日より暑い。

今天 _____ _____ _____ _____ 。　①昨天　②一点儿　③比　④热

(3) 中国語を勉強するには，中国に留学するのが最も良い。

学习汉语，_____ _____ _____ _____ 。　①留学　②去　③最好　④中国

4 次の日本語を中国語に訳して簡体字で書きましょう。

(1) わたしは少し緊張しています。　→ _____

(2) 彼に見習った方がよい。　→ _____

(3) わたしは全体の効果をひととおり見ました。　→ _____

5 これから流れる岩田さんとラーニング・アシスタントさんによる中国語の会話を聞いて，問いに対する答えを主語や目的語を省略せずに書きましょう。　DL 45　CD 45

(1)【問】

【答】 _____

(2)【問】

【答】 _____

第十课　过圣诞节

1. イベントをどう過ごすか・過ごしたか順立てて説明することができる。
2. 「いつ、どこで、誰と、何を」したか"是〜的"構文で強調することができる。

この課の語句 DL 46 / CD 46

	中国語	ピンイン		日本語
1	圣诞节	Shèngdànjié	名	クリスマス
2	然后	ránhòu	接	("先…然后(再)"の形で)まず〜してそれから
3	互换	hùhuàn	動	交換し合う
4	礼物	lǐwù	名	プレゼント, 贈り物
5	〜之间	〜zhījiān		〜のあいだ
6	平安夜	Píng'ānyè	名	クリスマスイブ
7	表示	biǎoshì	動	〜の気持ちを表す
8	平平安安	píngpíng'ānān	形	平穏無事である
9	听起来	tīngqǐlai		聞いたところでは〜のようだ
10	还	huán	動	返す, 返却する
11	借	jiè	動	借りる, 貸す
12	药	yào	名	薬
13	收拾	shōushi	動	片付ける, しまう, 整理する
14	寒假	hánjià	名	冬休み
15	穿	chuān	動	着る, 袖を通す

もうすぐクリスマスです。李さんによると，中国の若い人が選ぶクリスマスプレゼントは日本人とはひと味違うようです。さて，そのプレゼントとは…

美玲： 今年 的 圣诞节 你 想好 怎么 过 了 吗？
Jīnnián de Shèngdànjié nǐ xiǎnghǎo zěnme guò le ma?

岩田： 去年 是 和 家里人 一起 过 的，
Qùnián shì hé jiālirén yìqǐ guò de,
今年 想 和 朋友 一起 过。
jīnnián xiǎng hé péngyou yìqǐ guò.

美玲： 那 天 你们 打算 在 一起 做 什么？
Nà tiān nǐmen dǎsuan zài yìqǐ zuò shénme?

岩田： 先 在 一起 吃 饭，然后 再 互换 圣诞 礼物。
Xiān zài yìqǐ chī fàn, ránhòu zài hùhuàn Shèngdàn lǐwù.

美玲： 在 中国 朋友 之间 经常 送 苹果。
Zài Zhōngguó péngyou zhījiān jīngcháng sòng píngguǒ.
你 打算 送 什么？
Nǐ dǎsuan sòng shénme?

岩田： 送 苹果？圣诞节 为什么 送 苹果 呢？
Sòng píngguǒ? Shèngdànjié wèishénme sòng píngguǒ ne?

美玲： 平安夜 送 苹果，
Píng'ānyè sòng píngguǒ,
就是 表示 平平安安 的 意思。
jiùshì biǎoshì píngpíng'ānān de yìsi.

岩田： 听起来 很 有 意思。
Tīngqǐlai hěn yǒu yìsi.
那，我 也 买 苹果 送给 朋友 吧。
Nà, wǒ yě mǎi píngguǒ sònggěi péngyou ba.

POINT ポイント

1 "是〜的"構文

(1) A：你们 是 怎么 去 的 中国？　B：我们 是 坐 飞机 去 的。
　　　Nǐmen shì zěnme qù de Zhōngguó?　 Wǒmen shì zuò fēijī qù de.

(2) 我 是 来 还 书 的，不 是 来 借 书 的。
　　Wǒ shì lái huán shū de, bú shì lái jiè shū de.

2 "先〜，然后(再)…"

(1) 你 要 先 吃 饭，然后 再 吃 药。
　　Nǐ yào xiān chī fàn, ránhòu zài chī yào.

(2) 她 明天 先 去 买 东西，然后 再 去 看 电影。
　　Tā míngtiān xiān qù mǎi dōngxi, ránhòu zài qù kàn diànyǐng.

3 結果補語　動詞＋"好"

(1) 你 把 房间 收拾好。
　　Nǐ bǎ fángjiān shōushihǎo.

(2) 你 已经 想好 寒假 去 哪儿 了 吗？
　　Nǐ yǐjīng xiǎnghǎo hánjià qù nǎr le ma?

4 "〜起来"　方向補語の派生義

(1) 这个 菜 吃起来 很 辣。
　　Zhège cài chīqǐlai hěn là.

(2) 这 件 衣服 穿起来 不 太 好看。
　　Zhè jiàn yīfu chuānqǐlai bú tài hǎokàn.

これも大事！　日中年中行事　古い節句・新しい節句

中国では伝統的な節句は旧暦にもとづくため，日本とは日付が異なります。また，名前は同じでも内容の違うものがあります。中国の節句の一例を，その時期と，その日に主に行われる行事・イベントとともに次にあげてみましょう。

　　清明节 Qīngmíngjié　旧暦の3月（新暦では4月頃）。清明節。先祖供養，お墓参り。
　　端午节 Duānwǔjié　旧暦の5月5日（新暦では6月頃）。端午節。ボートレース，ちまきを食べる。
　　中秋节 Zhōngqiūjié　旧暦の8月15日（新暦では9月または10月）。中秋節。名月を観賞する，月餅を
　　　　　食べる。
　　儿童节 Értóngjié　6月1日。こどもの日。端午の節句とは結びついていません。
　　母亲节 Mǔqinjié　5月第二日曜日。母の日。忘れな草を贈る。
　　父亲节 Fùqinjié　6月の第三日曜日。父の日。思い思いの方法で感謝の気持ちを表わす。
　　教师节 Jiàoshījié　9月10日。教師の日。本来は教育への貢献を称える日。近年は学生から"红包
　　　　　hóngbāo"(祝儀)を送る習慣もある。

Lesson  練習問題

1 中国語の音声を聞いて，ピンインと簡体字で書き取り，日本語に訳しましょう。

　　　　　ピンイン　　　　　　　中国語　　　　　　　日本語

(1) _____　_____　_____

(2) _____　_____　_____

(3) _____　_____　_____

2 次の空欄を埋めるのに最も適当なものを，①〜④の中から1つ選び，全文を日本語に訳しましょう。

(1) 我是坐飞机来（　　　）。　　　①了　②呢　③的　④得

　　日本語 _____

(2) 我先上课，然后（　　　）去打工。　①又　②再　③别　④不

　　日本語 _____

(3) 圣诞节怎么过，你想（　　　）了吗？①到　②完　③出　④好

　　日本語 _____

3 日本語をヒントに，①〜④を並べ替えて中国語の文を完成させましょう。

(1) 彼は先週日本に来たのです。

　　他 _____ _____ _____ _____ 日本。　①来　②上个星期　③的　④是

(2) ケーキを買って先生にプレゼントしよう。

　　我们 _____ _____ _____ _____ 吧。　①老师　②一个蛋糕　③买　④送给

(3) このケーキは見たところおいしそうだ。

　　这个蛋糕 _____ _____ _____ _____ 。　①好吃　②起来　③很　④看

4 次の日本語を中国語に訳して簡体字で書きましょう。

(1) わたしはもうちゃんと考えて決めました。→ _____

(2) わたしは友だちと一緒にクリスマスを過ごしたのです。→ _____

(3) 先にご飯を食べてから，プレゼント交換をしよう。→ _____

5 これから流れる李さんと岩田さんによる中国語の会話を聞いて，問いに対する答えを主語や目的語を省略せずに書きましょう。

(1)【問】　　　　　　　　　　　　　　　　　　　　　　　DL 50
　　【答】_____　CD 50

(2)【問】

　　【答】_____

第十一课　春节习俗

1. 日本と中国の文化の違いを比較して表現することができる。
2. "不是～吗"で反語「～ではないんですか」のニュアンスを表現することができる。

この課の語句　DL 51　CD 51

#	中国語	ピンイン	品詞	日本語
1	春节	Chūnjié	名	春節，旧正月
2	习俗	xísú	名	習俗，風俗習慣
3	放	fàng	動	("放假 fang jià"で)休みになる，休みにする
4	过年	guò nián	動	年を越す
5	元旦	Yuándàn	名	元旦，元日
6	热闹	rènao	形	賑やかである
7	风俗	fēngsú	名	風俗，風習
8	贴	tiē	動	貼る
9	春联儿	chūnliánr	名	(対句を書いて門や入口に貼る)対聯
10	放	fàng	動	(花火・爆竹を)ならす，点火する，する
11	鞭炮	biānpào	名	爆竹
12	逛	guàng	動	ぶらぶらする，見てまわる
13	庙会	miàohuì	名	(寺院や廟の)縁日
14	什么的	shénmede	名	などなど，～とか
15	极了	jíle		(形容詞の後ろに置いて)とても，実に
16	体验	tǐyàn	動	体験する，肌で感じる
17	绿茶	lǜchá	名	緑茶
18	爱好	àihào	名	趣味
19	摄影	shèyǐng	動	撮影する，写真を撮る

冬休み，帰国しない李さんを不思議に思った岩田さんですが，李さんの話を聞いて大いに納得しました。

岩田： 不 是 放 寒假 了 吗，
　　　 Bú shì fàng Hánjià le ma,
　　　 你 怎么 不 回 国 过年？
　　　 nǐ zěnme bù huí guó guònián?

美玲： 中国人 不 过 元旦。我 春节 的 时候 回去。
　　　 Zhōngguórén bú guò Yuándàn. Wǒ Chūnjié de shíhou huíqu.

岩田： 听说 中国 的 春节 比 日本 的 新年 热闹，
　　　 Tīngshuō Zhōngguó de Chūnjié bǐ Rìběn de xīnnián rènao,
　　　 是 吗？
　　　 shì ma?

美玲： 对，中国 的 春节 比 日本 热闹 多 了。
　　　 Duì, Zhōngguó de Chūnjié bǐ Rìběn rènao duō le.

岩田： 中国 春节 的 时候 有 什么 风俗 习惯？
　　　 Zhōngguó Chūnjié de shíhou yǒu shénme fēngsú xíguàn?

美玲： 贴 春联儿，放 鞭炮，逛 庙会 什么的，
　　　 Tiē chūnliánr, fàng biānpào, guàng miàohuì shénmede,
　　　 热闹 极了。
　　　 rènao jíle.

岩田： 听起来 很 有 意思。
　　　 Tīngqǐlai hěn yǒu yìsi.
　　　 我 也 想 体验 一下 中国 的 春节。
　　　 Wǒ yě xiǎng tǐyàn yíxià Zhōngguó de Chūnjié.

美玲： 那，你 今年 春节 跟 我 一起 去 中国
　　　 Nà, nǐ jīnnián Chūnjié gēn wǒ yìqǐ qù Zhōngguó
　　　 过年 吧。
　　　 guò nián ba.

1 "不是～吗?"

(1) 那 不 是 你 的 手机 吗？
    Nà bú shì nǐ de shǒujī ma?

(2) 你 怎么 还 去 那里，你 不 是 以前 去过 吗？
    Nǐ zěnme hái qù nàli, nǐ bú shì yǐqián qùguo ma?

2 "比～多了"

(1) 德语 比 汉语 难 多 了。
    Déyǔ bǐ Hànyǔ nán duō le.

(2) 那个 手机 比 这个 贵 多 了。
    Nàge shǒujī bǐ zhège guì duō le.

3 "～极了"

(1) 这个 蛋糕 好吃 极了。
    Zhège dàngāo hǎochī jíle.

(2) 中国 的 麻婆豆腐 辣 极了。
    Zhōngguó de mápódòufu là jíle.

4 "什么的"

(1) 你 喝 什么？咖啡、红茶、绿茶 什么的，这里 都 有。
    Nǐ hē shénme? Kāfēi、hóngchá、lǜchá shénmede, zhèli dōu yǒu.

(2) 我 有 很 多 爱好，看 书、摄影、爬 山 什么的，我 都 喜欢。
    Wǒ yǒu hěn duō àihào, kàn shū、shèyǐng、pá shān shénmede, wǒ dōu xǐhuan.

これも大事！　様々な決まり文句、四文字シリーズ

「～おめでとう」は，"～好！"の形でも言います。返答の仕方は，同じ言葉を返したり，"谢谢！"と言います。

好久不见。Hǎojiǔ bújiàn　お久しぶりです。
新年快乐！Xīnnián kuàilè!　あけましておめでとう。
生日快乐！Shēngrì kuàilè!　お誕生日おめでとう。
恭喜恭喜！Gōngxǐ gōngxǐ!　おめでとうございます。
一路平安！Yílù píng'ān!　道中ご無事で。
旅途愉快！Lǚtú yúkuài!　楽しいご旅行を。
欢迎光临！Huānyíng guānglín!　いらっしゃいませ。

Lesson 練習問題

1 中国語の音声を聞いて，ピンインと簡体字で書き取り，日本語に訳しましょう。

DL 54
CD 54

　　　　　ピンイン　　　　　　　中国語　　　　　　　日本語

(1) _____　_____　_____

(2) _____　_____　_____

(3) _____　_____　_____

2 次の空欄を埋めるのに最も適当なものを，①〜④の中から1つ選び，全文を日本語に訳しましょう。

(1) 中国（　　　）日本大多了。　　　　①对　②比　③从　④更

　日本語 _____

(2) 今年冬天冷（　　　）。　　　　　　①非常　②有点儿　③什么的　④极了

　日本語 _____

(3) 春节的时候贴春联儿、放鞭炮（　　　），都很有意思。①好的　②怎么　③什么的　④一起

　日本語 _____

3 日本語をヒントに，①〜④を並べ替えて中国語の文を完成させましょう。

(1) わたしたち，友だちでしょう。

　我们 _____ _____ _____ _____？　①吗　②不　③朋友　④是

(2) あなたの中国語は去年よりずっと上手です。

　你的汉语 _____ _____ _____ _____。　①多了　②好　③比　④去年

(3) わたしたちは今日はとても嬉しい。

　_____ _____ _____ _____。　①高兴　②今天　③极了　④我们

4 次の日本語を中国語に訳して簡体字で書きましょう。

(1) あれはあなたの携帯電話ではないですか。　→ _____

(2) 上海は北京よりずっとにぎやかです。　→ _____

(3) 爆竹を鳴らしたり，縁日をぶらついたり等々，わたしは全部体験してみたい。

　→ _____

5 これから流れる李さんと岩田さんによる中国語の会話を聞いて，問いに対する答えを主語や目的語を省略せずに書きましょう。

DL 55
CD 55

(1) 【問】

　【答】 _____

(2) 【問】

　【答】 _____

第十一课

第十二课　将来的工作

1. 将来の進路についての心づもりや悩みを表現することができる。
2. 可能補語を使って「できる、できない」を表現することができる。

この課の語句

 DL 56 / CD 56

	中国語	ピンイン		日本語
1	找	zhǎo	動	訪ねる，会う
2	关于	guānyú	介	～に関して，～について
3	商量	shāngliang	動	相談する，話し合う
4	确定	quèdìng	動	はっきり決める，確定する
5	～下来	~xiàlai		ポイント3 参照
6	犹豫	yóuyù	動	迷う，ためらう
7	当	dāng	動	（職業・役職などに）なる，つとめる，あたる
8	选项	xuǎnxiàng	名	選択肢
9	差	chà	形	隔たりがある，差がある
10	确实	quèshí	副	たしかに，間違いなく
11	公司职员	gōngsī zhíyuán	名	会社員
12	应该	yīnggāi	助動	～すべきである
13	选择	xuǎnzé	動	選択する，選ぶ
14	考虑	kǎolǜ	動	考慮する，考える
15	适合	shìhé	動	適する，うまく合う
16	记	jì	動	覚える，記憶する
17	支	zhī	量	（細長いものを数える量詞で）本
18	笔	bǐ	名	ペン，鉛筆などの筆記用具
19	解决	jiějué	動	解決する

気になる仕事は多いものの，将来何をするかを決めかねている岩田さんは，アドバイスを求めて先生に相談することにしました。

老师： 岩田，你来找我，有什么事儿吗？
Yántián, nǐ lái zhǎo wǒ, yǒu shénme shìr ma?

岩田： 老师，关于将来的工作我想和您商量一下。
Lǎoshī, guānyú jiānglái de gōngzuò wǒ xiǎng hé nín shāngliang yíxià.

老师： 是不是确定不下来做什么工作？
Shì bu shì quèdìngbuxiàlai zuò shénme gōngzuò?

岩田： 对。我在犹豫是在公司工作，还是当老师。
Duì. Wǒ zài yóuyù shì zài gōngsī gōngzuò, háishi dāng lǎoshī.

老师： 这两个选项差得太远了，确实不好决定。
Zhè liǎng ge xuǎnxiàng chàde tài yuǎn le, quèshí bù hǎo juédìng.

岩田： 老师，您说公司职员和老师，我应该选择哪个？
Lǎoshī, nín shuō gōngsī zhíyuán hé lǎoshī, wǒ yīnggāi xuǎnzé nǎge?

老师： 我觉得你最好先考虑自己最适合做什么工作。
Wǒ juéde nǐ zuìhǎo xiān kǎolǜ zìjǐ zuì shìhé zuò shénme gōngzuò.

岩田： 知道了。谢谢老师！
Zhīdao le. Xièxie lǎoshī!

POINT

1 "找" 「さがす」以外の意味

(1) 我 找 你 有 点儿 事儿。
Wǒ zhǎo nǐ yǒu diǎnr shìr.

(2) 你 明天 来 家里 找 我 玩儿 吧。
Nǐ míngtiān lái jiāli zhǎo wǒ wánr ba.

2 可能補語

(1) 你 还 想得起来 我 的 名字 吗?
Nǐ hái xiǎngdeqǐlai wǒ de míngzi ma?

(2) 真 看不出来 他 都 快 五十 了。
Zhēn kànbuchūlai tā dōu kuài wǔshí le.

3 "〜下来"の派生義 静止・固定・残存

(1) 我 想 早点儿 决定下来 去 哪里 工作。
Wǒ xiǎng zǎodiǎnr juédìngxiàlai qù nǎli gōngzuò.

(2) 老师 说 的话，你 都 记下来了 吗?
Lǎoshī shuō dehuà, nǐ dōu jìxiàlaile ma?

4 "不好〜"

(1) 这 支 笔 不 好 写。
Zhè zhī bǐ bù hǎo xiě.

(2) 他们 说 的 都 有 道理，这个 问题 真的 不 好 解决。
Tāmen shuō de dōu yǒu dàolǐ, zhège wèntí zhēnde bù hǎo jiějué.

これも大事！ 中国で人気のある職業

最近の大学生に人気の職業ベスト10の一例です。

1. 软件工程师 ruǎnjiàn gōngchéngshī（ソフトウェア技術者）
2. 公务员 gōngwùyuán（公務員）
3. 高级工程师 gāojí gōngchéngshī（シニアエンジニア）
4. 金融分析师 jīnróng fēnxīshī（金融アナリスト）
5. 会计师 kuàijìshī（会計士）
6. 教师 jiàoshī（教師）
7. 人力资源管理 rénlì zīyuán guǎnlǐ（人材マネジメント）
8. 设计师 shèjìshī（デザイナー）
9. 运营经理 yùnyíng jīnglǐ（オペレーションマネージャー）
10. 电子商务工程师 diànzǐ shāngwù gōngchéngshī（Eコマースのエンジニア）

Lesson 練習問題

1 中国語の音声を聞いて，ピンインと簡体字で書き取り，日本語に訳しましょう。　　DL 59　CD 59

	ピンイン	中国語	日本語
(1)	____	____	____
(2)	____	____	____
(3)	____	____	____

2 次の空欄を埋めるのに最も適当なものを，①〜④の中から1つ選び，全文を日本語に訳しましょう。

(1) 我想（　　）起来了。　　①没　②不　③着　④的

日本語 _____

(2) 我还决定不（　　）怎么去。　　①下来　②上来　③出来　④起来

日本語 _____

(3) 将来的工作，现在（　　）决定。　　①不是　②不在　③不错　④不好

日本語 _____

3 日本語をヒントに，①〜④を並べ替えて中国語の文を完成させましょう。

(1) こういう問題はとてもたずねづらい。

____　____　____　____。　　①不好　②问　③这样的问题　④很

(2) わたしは彼の名前を思い出せなくなりました。

我 ____　____　____　____ 了。①不　②他的名字　③想　④起来

(3) あのお店の電話番号をメモしましたか。

你 ____　____　____　____ 了吗？　①那个店的电话　②下来　③把　④记

4 次の日本語を中国語に訳して簡体字で書きましょう。

(1) わたしは明日張先生を訪ねに行きます。　→ _____

(2) この2つの選択肢は選びかねます。　→ _____

(3) どんな仕事をするか決められないのではないですか。　→ _____

5 これから流れる先生と岩田さんによる中国語の会話を聞いて，問いに対する答えを主語や目的語を省略せずに書きましょう。

(1)【問】　　　　　　　　　　　　　　　　　　　　　　　DL 60　CD 60

　【答】 _____

(2)【問】

　【答】 _____

第十二课

索引

この索引は，各課の「この課の語句」に示した語句を収録しています。

語彙	ピンイン		日本語	課

A

爱好	àihào	名	趣味	11課
安排	ānpái	動	段取りする，手配する	6課
		名	段取り，予定	
澳大利亚	Àodàlìyà	名	オーストラリア	7課

B

帮助	bāngzhù	動	助ける，手助けする	8課
报纸	bàozhǐ	名	新聞	9課
被	bèi	介	～に…される	5課
北京烤鸭	Běijīng kǎoyā	名	北京ダック	2課
笔	bǐ	量	ペン，鉛筆などの筆記用具	12課
遍	biàn	量	(最初から最後まで通して)回	9課
鞭炮	biānpào	名	爆竹	11課
表示	biǎoshì	動	～の気持ちを表す	10課
不错	búcuò	形	なかなか良い，結構である	7課
不但～而且…	búdàn~érqiě…		～ばかりでなく…も	3課
不过	búguò	接	だが，しかし	1課
不论～都…	búlùn~dōu…		～であれ…，～であろうが…	4課
不用	búyòng	副	～しなくてよい	5課
部长	bùzhǎng	名	部長	7課

C

藏书	cángshū	名	蔵書	4課
草莓	cǎoméi	名	いちご	3課
差	chà	形	隔たりがある，差がある	12課
超级	chāojí	形	めっちゃ，超(副詞的用法)	2課
超市	chāoshì	名	スーパーマーケット	1課
成功	chénggōng	動	成功する	6課
充实	chōngshí	形	充実している	7課
穿	chuān	動	着る，袖を通す	10課
春节	Chūnjié	名	春節，旧正月	11課
春联儿	chūnliánr	名	(対句を書いて門や入口に貼る)対聯	11課

D

答出来	dáchūlai	動	答える，答えを出す	6課
但	dàn	接	しかし	5課
蛋糕	dàngāo	名	ケーキ	2課
担心	dān xīn	動	心配する，気にかける	6課
当	dāng	動	(職業・役職などに)なる，つとめる，あたる	12課
当然了	dāngrán le		もちろんだ	4課
到底	dàodǐ	副	結局のところ，一体全体	6課
道理	dàolǐ	名	(ものの)道理，理屈	6課
～的话	~dehuà	助	～ならば，～したら	3課
等不了	děngbuliǎo		待てない	6課
第一次	dì yī cì		はじめて	8課
地方	dìfang	名	ところ，場所，部分	9課
点	diǎn	動	注文する，指定する	3課
典型	diǎnxíng	形	典型的である	6課

懂	dǒng	動	わかる，理解する	5課
动漫	dòngmàn	名	アニメ	1課
读	dú	動	(声を出して)読む	9課
对～感兴趣	duì~ gǎn xìngqù		～に興味を感じる	1課
对了	duì le		そうだ，これも大事！も参照	6課

F

凡事	fánshì	名	万事，すべての事	8課
放	fàng	動	置く	2課
放	fàng	動	("放假 fang jià"で)休みになる，休みにする	11課
放	fàng	動	(花火・爆竹を)ならす，点火する，する	11課
方面	fāngmiàn	名	分野，領域	4課
放松	fàngsōng	動	リラックスする，気を緩める	6課
放心	fàng xīn	動	安心する	9課
风俗	fēngsú	名	風俗，風習	11課
复习	fùxí	動	復習する	5課

G

改进	gǎijìn	動	改善する，改良する	9課
告诉	gàosu	動	告げる，知らせる，おしえる	2課
根本	gēnběn	副	(否定文で)まるっきり，根っから，もともと	5課
公司职员	gōngsī zhíyuán	名	会社員	12課
共享	gòngxiǎng	動	シェアする，共有する	3課
关门	guān mén		門を閉める，閉館する，閉店する	4課
关系	guānxi	名	関係	7課
关于	guānyú	介	～に関して，～について	12課
逛	guàng	動	ぶらぶらする，見てまわる	11課
广告	guǎnggào	名	広告	2課
过	guò	動	過ごす	7課
过奖	guòjiǎng	動	(挨拶ことばに用いて)褒め過ぎである	8課
国门	guómén	名	国境	1課
过年	guò nián	動	年を越す	11課
国外	guówài	名	国外，外国	1課

H

海底捞火锅	Hǎidǐlāohuǒguō	名	(火鍋店の名称で)海底捞火锅	4課
还可以	hái kěyǐ		まずまずである	6課
还是	háishi	副	やはり	9課
寒假	hánjià	名	冬休み	10課
好	hǎo	副	数量の多さを強調する	3課
好好儿	hǎohāor	副	しっかりと，ちゃんと	4課
好看	hǎokàn	形	きれいである，美しい	3課
号码	hàomǎ	名	番号	2課
好事儿	hǎoshìr	名	いいこと	6課
好像	hǎoxiàng	副	～のようである，～のような気がする	9課
合适	héshì	形	ぴったりである，ちょうどよい	2課
互换	hùhuàn	動	交換し合う	10課

互相	hùxiāng	副	お互いに	8課	
滑冰	huá bīng	動	スケートをする	5課	
	huábīng	名	スケート	5課	
还	huán	動	返す，返却する	10課	
换	huàn	動	交換する，替える	2課	
环保	huánbǎo	名	"环境保护"環境保護の略語（ここでは形容詞的に「エコである」）	3課	
环球影城	Huánqiúyǐngchéng	名	ユニバーサルスタジオ	4課	
黄金周	huángjīnzhōu	名	ゴールデンウィーク	2課	

J

记	jì	動	覚える，記憶する	12課
极了	jíle		（形容詞の後ろに置いて）とても，実に	11課
急性子	jíxìngzi	名	せっかち	6課
家	jiā	量	店や会社を数える量詞	1課
价钱	jiàqián	名	ねだん	3課
驾驶	jiàshǐ	動	（乗り物を）運転する，操縦する	6課
驾照	jiàzhào	名	運転免許証	7課
件	jiàn	量	事柄や文書・荷物・上着などを数える量詞	8課
减肥	jiǎnféi	動	ダイエットする	3課
交	jiāo	動	付き合う，友達になる	4課
借	jiè	動	借りる，貸す	10課
解决	jiějué	動	解決する	12課
紧张	jǐnzhāng	動	緊張する	5課
经常	jīngcháng	副	いつも，しょっちゅう	1課
就	jiù	副	（前の仮定"～的话"を受けて）すぐに	3課
俱乐部	jùlèbù	名	クラブ	7課

K

开车	kāi chē	動	車を運転する	6課
开玩笑	kāi wánxiào		からかう，冗談を言う	2課
开夜车	kāi yèchē		夜なべをする，徹夜する	6課
考虑	kǎolǜ	動	考慮する，考える	12課
肯定	kěndìng	副	確かに，きっと，間違いなく	7課
口	kǒu	量	標準の言語を数える量詞	7課
夸	kuā	動	褒める	8課
快～了	kuài~le		もうすぐ～である，もうすぐ～しそうだ	5課
快乐	kuàilè	形	楽しい，満ち足りている	7課
块儿	kuàir	名	かたまり	9課
困	kùn	形	眠い	5課

L

辣	là	形	辛い	8課
垃圾	lājī	名	ゴミ	2課
垃圾桶	lājītǒng	名	ゴミ箱	2課
老是	lǎoshi	副	いつも	8課
礼物	lǐwù	名	プレゼント，贈り物	10課

利用	lìyòng	動	利用する，使う	4課
俩	liǎ	数	（"两"と"个"を合わせた言い方で）ふたつ，ふたり	7課
连	lián	名	（"连…都"の形で）～さえも，～でさえ	6課
联系	liánxì	動	連絡する，連絡をとる	8課
了不起	liǎobuqǐ	形	大したものである，際立っている	8課
流利	liúlì	形	流暢である	7課
楼上	lóushàng	名	上の階	1課
绿茶	lǜchá	名	緑茶	11課
论述	lùnshù	動	論述する，述べる	9課
罗莎	Luóshā	名	（イタリア人女性の名前で）ローサ	4課

M

慢	màn	形	遅い，のろい，ゆっくりしている	3課
漫画	mànhuà	名	マンガ，コミック	1課
贸易	màoyì	名	貿易	8課
每～都…	měi~dōu…		毎～いつも…	6課
美食	měishí	名	グルメ	3課
庙会	miàohuì	名	（寺院や廟の）縁日	11課
民族学	mínzúxué	名	民族学	4課
名牌儿	míngpáir	名	ブランド	1課
幕斯	mùsī	名	ムース	3課

N

拿	ná	動	（手で）持つ，取る	1課
拿走	názǒu		持って行く	5課
难忘	nánwàng	動	忘れ難い，忘れられない	7課
念	niàn	動	声に出して読む	9課
暖男一枚	nuǎnnányìméi		「暖男一枚」これも大事！を参照	2課

P

爬山	pá shān	動	登山する，山登りする	3課
跑步	pǎo bù	動	ジョギングをする	4課
批评	pīpíng	動	注意する，叱る，意見をする	5課
平安夜	Píng'ānyè	名	クリスマスイブ	10課
平平安安	píngpíng'ānān	形	平穏無事である	10課

Q

其他	qítā	代	その他の，ほかの	8課
切	qiē	動	切る，カットする	9課
亲	qīn	形	実の	7課
轻松	qīngsōng	形	気軽である，リラックスしている	2課
请假	qǐng jià	動	休みを取る，休暇を申請する	7課
取得	qǔdé	動	とる，獲得する，勝ち取る	6課
全天开馆	quántiān kāiguǎn		（施設が）終日オープン	4課
全天营业	quántiān yíngyè		（お店が）終日オープン	4課

55

| 确定 | quèdìng | 動 | はっきり決める，確定する | 12課 |
| 确实 | quèshí | 副 | たしかに，間違いなく | 12課 |

R

然后	ránhòu	接	("先…然后(再)"の形で)まず〜してそれから	10課
让	ràng	動	〜させる	7課
热闹	rènao	形	賑やかである	11課
人气	rénqì	名	人気	2課
认真	rènzhēn	形	まじめである，いい加減ではない	5課
扔	rēng	動	捨てる，投げる	2課

S

删掉	shāndiào	動	削除する	9課
上	shàng	動	(学校や職場に)通う	1課
商量	shāngliang	動	相談する，話し合う	12課
伤心	shāng xīn	動	傷つく，悲しい思いをする	5課
摄影	shèyǐng	動	撮影する，写真を撮る	11課
什么的	shénmede	名	などなど，〜とか	11課
什么样	shénmeyàng	代	どんな，どのような	2課
圣诞节	Shèngdànjié	名	クリスマス	10課
事儿	shìr	名	事，事柄	6課
适合	shìhé	動	適する，うまく合う	12課
受欢迎	shòu huānyíng		人気がある，歓迎される	3課
收拾	shōushi	動	片付ける，しまう，整理する	10課
蔬菜	shūcài	名	野菜	9課
说谎	shuō huǎng		でたらめを言う	2課

T

贪玩儿	tān wánr		遊び呆ける	8課
讨论	tǎolùn	名	討論	8課
特色	tèsè	名	特色	3課
体验	tǐyàn	動	体験する，肌で感じる	11課
跳舞	tiàowǔ	名	ダンス	7課
	tiào wǔ	動	ダンスする，踊る	
贴	tiē	動	貼る	11課
听起来	tīngqǐlai		聞いたところでは〜のようだ	10課
听说	tīng shuō	動	聞くところによると〜だそうだ	4課
偷	tōu	動	盗む	5課
图书	túshū	名	図書	4課

W

| 为什么 | wèishénme | | なぜ，どうして | 5課 |
| 文化 | wénhuà | 名 | 文化 | 1課 |

X

习惯	xíguàn	動	慣れる	8課
习俗	xísú	名	習俗，風俗習慣	11課
〜下来	~xiàlai		ポイント3参照	12課
咸	xián	形	塩辛い，しょっぱい	9課
羡慕	xiànmù	動	羨ましく思う，羨む	7課
向	xiàng	介	(人・事物)から，に(学ぶ・借りる・求める等)	8課
想法	xiǎngfǎ	名	考え，アイデア	3課
像〜一样	xiàng~yíyàng		〜と同じである，〜のようである	7課
效果	xiàoguǒ	名	効果	9課
小孩儿	xiǎoháir	名	子ども	1課
潇洒	xiāosǎ	形	垢抜けしている，さっぱりしている	1課
小组	xiǎozǔ	名	グループ	8課
信心	xìnxīn	名	自信	5課
行	xíng	形	よろしい，大丈夫である，結構である	4課
需要	xūyào	動	〜を必要とする，〜が求められる	9課
选项	xuǎnxiàng	名	選択肢	12課
选择	xuǎnzé	動	選択する，選ぶ	12課
学哥	xuégē	名	(男性の)先輩	8課
学姐	xuéjiě	名	(女性の)先輩	8課

Y

药	yào	名	薬	10課
以〜	yǐ~	介	〜で，〜を以って	9課
意大利	Yìdàlì	名	イタリア	4課
一点儿都〜	yìdiǎnr dōu~		少しも〜	5課
一天实习	yìtiānshíxí		1dayインターンシップ	8課
以为	yǐwéi	動	思う，考える(多くの場合で事実とは異なる)	5課
应该	yīnggāi	助動	〜すべきである	12課
用	yòng	動	(食べ物、飲み物を)召し上がる，いただく	3課
邮局	yóujú	名	郵便局	1課
犹豫	yóuyù	動	迷う，ためらう	12課
元旦	Yuándàn	名	元旦，元日	11課
原来	yuánlái	副	元々，当初，はじめ	9課
运动	yùndòng	動	運動する，スポーツする	3課
运气	yùnqì	名	運，運勢	3課

Z

怎么样	zěnmeyàng	代	どうですか(状況を尋ねる)	2課
展开	zhǎnkāi	動	繰り広げる，展開する	9課
招人	zhāo rén		人を募る，人を募集する	2課
招工	zhāo gōng	動	従業員を募集する	2課
找	zhǎo	動	さがす	2課
找	zhǎo	動	訪ねる，会う	12課
照顾	zhàogù	動	考慮する，配慮する，気を配る，世話する	4課
着急	zháojí	形	焦る，いらだつ	8課
真的	zhēnde	副	本当に	5課
珍贵	zhēnguì	形	貴重である，値打ちがある	4課
整体	zhěngtǐ	名	全体，総体	9課
正宗	zhèngzōng	形	正統の，本場の，本格的な	2課
支	zhī	量	(細長いものを数える量詞で)本	12課

～之间	~zhījiān		～のあいだ	10課
执照	zhízhào	名	許可証，免許証	6課
只要～就…	zhǐyào~jiù…		～でさえあれば…	6課
终于	zhōngyú	副	ついに，とうとう	3課
准备	zhǔnbèi	動	準備する	5課
自我介绍	zìwǒ jièshào		自己紹介	1課
最好	zuìhǎo	副	～するのが良い	9課
做	zuò	動	作る，作成する	9課

第1課 Drill ドリル

月　　　日　　学籍番号　　　　　　名前

1 次の語句の音声を聞いて，発音しましょう。　　　DL 61　CD 61

① 专业：zhuānyè 専攻，専門分野
② 经济学：jīngjìxué 経済学
③ 会计：kuàijì 会計，会計学
④ 教育学：jiàoyùxué 教育学
⑤ 社会学：shèhuìxué 社会学
⑥ 做运动：zuò yùndòng 運動する
⑦ 跳舞：tiào wǔ ダンスをする
⑧ 看视频：kàn shìpín 動画を視聴する
⑨ 学托业：xué tuōyè TOEICの勉強をする
⑩ 上网：shàngwǎng ネットサーフィンする

2 音声を聞き取って，流れてきた順に番号をふりましょう。　DL 62　CD 62

（　）専攻，専門分野　　　　　（　）運動する
（　）経済学　　　　　　　　　（　）ダンスをする
（　）会計学　　　　　　　　　（　）動画を視聴する
（　）教育学　　　　　　　　　（　）TOEICの勉強をする
（　）社会学　　　　　　　　　（　）ネットサーフィンする

3 次の音声の質問を聞いて，解答欄に自分についての答えを書きましょう。　DL 63　CD 63

1. _____
2. _____
3. _____
4. _____
5. _____

4 問**3**の音声の質問をもう一度聞いて，まず質問を書き取りましょう。それから隣の人に書き取った質問をして，隣の人の回答を書き取ってみましょう。

1. 質問：_____
   回答：_____
2. 質問：_____
   回答：_____
3. 質問：_____
   回答：_____
4. 質問：_____
   回答：_____
5. 質問：_____
   回答：_____

5 問 **4** の活動で隣の人から聞き取った内容をまとめて，他己紹介してみましょう。

Step. 1　大家好。（他・她）叫 _____ 。

Step. 2　（他・她）现在 _____ 。

Step. 3　（他・她）的专业是 _____ 。

Step. 4　（他・她）对 _____ 很感兴趣。

Step. 5　（他・她）星期天经常 _____ 。

6 仕上げの自己紹介をする前に，ここでいま一度，語順を確認しましょう。
次の日本語の意味になるように，中国語の文の［　］の語を入れ替えましょう。

1. 李さんはよく動画を見ます。

　　［　看　小李　经常　视频　］　　_____ _____ _____ _____ 。

2. 田中さんは映画学にとても興味があります。

　　田中［　非常　对　感兴趣　电影学　］。

　　田中 _____ _____ _____ _____ 。

7 自分の自己紹介文をまとめましょう。

　テーマ：自己紹介

　問いかけ：请你自我介绍一下。

Step. 1　我叫 _____ ，现在上大学 _____ 。
　　　　（名前，学年）

Step. 2　_____ 。
　　　　（専攻）

Step. 3　我对 _____ 很感兴趣。
　　　　（興味のあること）

Step. 4　我 _____ 。
　　　　（よくしていること，趣味など）

第2課 Drill ドリル

月　　日　　学籍番号　　　　　　名前

1 次の語句の音声を聞いて，発音しましょう。　🎧 DL 64　💿 CD 64

① 考虑：kǎolǜ 考える
② 怎么：zěnme どのように
③ 过：guò 過ごす
④ 休息：xiūxi 休む
⑤ 想好：xiǎnghǎo 考え終わる，きちんと考える
⑥ 安排：ānpái 予定，計画
⑦ 去旅游：qù lǚyóu 旅行へ行く
⑧ 参加：cānjiā 参加する
⑨ 俱乐部：jùlèbù クラブ
⑩ 活动：huódòng 活動，活動する

2 音声を聞き取って，流れてきた順に番号をふりましょう。　🎧 DL 65　💿 CD 65

(　) 考える　　　　　　　　　(　) 予定，計画
(　) どのように　　　　　　　(　) 旅行へ行く
(　) 過ごす　　　　　　　　　(　) 参加する
(　) 休む　　　　　　　　　　(　) クラブ
(　) 考え終わる，きちんと考える　(　) 活動，活動する

3 次の音声の質問を聞いて，解答欄に自分についての答えを書きましょう。　🎧 DL 66　💿 CD 66

1. _____
2. _____
3. _____
4. _____

4 問 **3** の音声の質問をもう一度聞いて，まず質問を書き取りましょう。それから隣の人に書き取った質問をして，隣の人の回答を書き取ってみましょう。

1. 質問：_____
   回答：_____
2. 質問：_____
   回答：_____
3. 質問：_____
   回答：_____
4. 質問：_____
   回答：_____

5 問 **4** の活動で隣の人から聞き取った内容をまとめて，隣の人の連休の予定を紹介してみましょう。

Step. 1 （他・她）＿＿＿＿＿＿＿＿＿＿＿＿ 怎么过黄金周。

Step. 2 黄金周（他・她）可以休息 ＿＿＿＿＿＿＿＿＿＿＿＿ 。

Step. 3 黄金周（他・她）＿＿＿＿＿＿＿＿＿＿＿＿ 打工。

Step. 4 黄金周（他・她）打算 ＿＿＿＿＿＿＿＿＿＿＿＿ 。

6 仕上げの「連休の予定」紹介をする前に，ここでいま一度，語順を確認しましょう。
次の日本語の意味になるように，中国語の文の［　］の語を入れ替えましょう。

1. 田中さんはちょうどゴールデンウィークをどう過ごすか考えているところです。

　　田中 ［ 过　考虑　正在　怎么 ］ 黄金周。

　　田中 ＿＿＿＿ ＿＿＿＿ ＿＿＿＿ ＿＿＿＿ 黄金周。

2. 田中さんは来週クラブ活動に参加するつもりです。

　　田中下个星期［　参加　活动　打算　俱乐部 ］。

　　田中下个星期 ＿＿＿＿ ＿＿＿＿ ＿＿＿＿ ＿＿＿＿ 。

7 自分の連休の予定の紹介文をまとめましょう。

テーマ：連休の予定

問いかけ：请你介绍一下你黄金周的安排。

Step. 1　我 ＿＿＿＿＿＿＿＿＿＿＿＿ 怎么过黄金周。
　　　　（ヒント：ゴールデンウィークの予定についての現段階の状況）

Step. 2　我 ＿＿＿＿＿＿＿＿＿＿＿＿＿＿ 。
　　　　（ヒント：ゴールデンウィークに休める日数）

Step. 3　黄金周我要 ＿＿＿＿＿＿＿＿＿＿＿＿ 。
　　　　（ヒント：ゴールデンウィークにしなくてはならないこと）

Step. 4　黄金周我打算 ＿＿＿＿＿＿＿＿＿＿＿＿ 。
　　　　（ヒント：ゴールデンウィークにするつもりのこと）

第3課 Drill ドリル

　　　　　　　　　月　　　日　　　学籍番号　　　　　　　　名前

1 次の語句の音声を聞いて，発音しましょう。　　　　　　　　DL 67　CD 67

- ① 私塾：sīshú 塾
- ② 补习班：bǔxíbān 予備校
- ③ 在办公室打临时工：オフィスでアルバイトする
  zài bàngōngshì dǎ línshí gōng
- ④ 超（级）市（场）：chāo(jí) shì(chǎng) スーパー
- ⑤ 餐馆：cānguǎn レストラン
- ⑥ 服务员：fúwùyuán 店員，販売員
- ⑦ 家（庭）教（师）：jiā(tíng) jiào(shī) 家庭教師
- ⑧ 做事务工作：事務の仕事をする
  zuò shìwù gōngzuò
- ⑨ 收银：shōuyín レジを打つ
- ⑩ 辛苦：xīnkǔ 辛い，きつい

2 音声を聞き取って，流れてきた順に番号をふりましょう。　　DL 68　CD 68

- (　) 塾　　　　　　　　　　　　(　) 店員，販売員
- (　) 予備校　　　　　　　　　　(　) 家庭教師
- (　) オフィスでアルバイトする　(　) 事務の仕事をする
- (　) スーパー　　　　　　　　　(　) レジを打つ
- (　) レストラン　　　　　　　　(　) 辛い，きつい

3 次の音声の質問を聞いて，解答欄に自分についての答えを書きましょう。　DL 69　CD 69

1. _____
2. _____
3. _____
4. _____

4 問**3**の音声の質問をもう一度聞いて，まず質問を書き取りましょう。それから隣の人に書き取った質問をして，隣の人の回答を書き取ってみましょう。

1. 質問：_____
   回答：_____
2. 質問：_____
   回答：_____
3. 質問：_____
   回答：_____
4. 質問：_____
   回答：_____

5 問4の活動で隣の人から聞き取った内容をまとめて，隣の人のアルバイトを紹介してみましょう。

Step. 1 （他・她）在 ＿＿＿＿＿＿＿＿＿＿＿＿＿ 打工。

Step. 2 （他・她）星期 ＿＿＿＿＿＿＿＿＿＿＿＿＿ 去打工。

Step. 3 （他・她）在 ＿＿＿＿＿＿＿＿＿＿＿＿＿ 。

Step. 4 （他・她）的工作 ＿＿＿＿＿＿＿＿＿＿＿＿＿ 。

6 仕上げの「アルバイト紹介」をする前に，ここでいま一度，語順を確認しましょう。
次の日本語の意味になるように，中国語の文の [ ] の語を入れ替えましょう。

1. 李さんはコンビニでアルバイトをしています。

   [便利店　打工　在　小李]。　＿＿＿＿ ＿＿＿＿ ＿＿＿＿ ＿＿＿＿ 。

2. 李さんは水曜日と金曜日にアルバイトに行きます。

   小李 [星期三　星期五　和　去] 打工。

   小李 ＿＿＿＿ ＿＿＿＿ ＿＿＿＿ ＿＿＿＿ 打工。

7 自分のアルバイト紹介文をまとめましょう。

テーマ：アルバイト

問いかけ：请你介绍一下你打工的情况。（※情况 qíngkuàng 情况，状況）

Step. 1　我在 ＿＿＿＿＿＿＿＿＿＿＿＿＿ 打工。
　　　　（ヒント：アルバイト先）

Step. 2　我 ＿＿＿＿＿＿＿＿＿＿＿＿＿ 。
　　　　（ヒント：いつアルバイトに行くか）

Step. 3　我 ＿＿＿＿＿＿＿＿＿＿＿＿＿ 。
　　　　（ヒント：どこでどんな仕事か）

Step. 4　我的工作 ＿＿＿＿＿＿＿＿＿＿＿＿＿ 。
　　　　（ヒント：仕事はどうか）

第4課 Drill ドリル

月　　　日　　　学籍番号　　　　　　　名前

1 次の語句の音声を聞いて，発音しましょう。　　　DL 70 / CD 70

① 借书：jiè shū 本を借りる
② 还书：huán shū 本を返す
③ 找资料：zhǎo zīliào 資料を探す
④ 写报告：xiě bàogào レポートを書く
⑤ 学习园地：ラーニングコモンズ xuéxí yuándì
⑥ 看影像：kàn yǐngxiàng 映像を見る
⑦ 关门：guān mén 閉館する，閉まる
⑧ 实用：shíyòng 実用的，機能的である
⑨ 方便：fāngbiàn 便利である
⑩ 视听中心：視聴覚センター，AVセンター shìtīng zhōngxīn

2 音声を聞き取って，流れてきた順に番号をふりましょう。　　　DL 71 / CD 71

(　　) 本を借りる　　　　　　(　　) 映像を見る
(　　) 本を返す　　　　　　(　　) 閉館する，閉まる
(　　) 資料を探す　　　　　(　　) 実用的，機能的である
(　　) レポートを書く　　　(　　) 便利である
(　　) ラーニングコモンズ　(　　) 視聴覚センター，AVセンター

3 次の音声の質問を聞いて，解答欄に自分についての答えを書きましょう。　　　DL 72 / CD 72

1. _____
2. _____
3. _____
4. _____

4 問 **3** の音声の質問をもう一度聞いて，まず質問を書き取りましょう。それから隣の人に書き取った質問をして，隣の人の回答を書き取ってみましょう。

1. 質問：_____
   回答：_____
2. 質問：_____
   回答：_____
3. 質問：_____
   回答：_____
4. 質問：_____
   回答：_____

5 問4の活動で隣の人から聞き取った内容をまとめて，大学紹介してみましょう。

Step. 1 （他・她）在图书馆 _____ 。

Step. 2 （他们・她们）图书馆 _____ 关门。

Step. 3 （他・她）觉得他们学校的图书馆 _____ 。

Step. 4 （他们・她们）学校里 _____ 。

6 仕上げの「大学紹介」をする前に，ここでいま一度，語順を確認しましょう。
次の日本語の意味になるように，中国語の文の［ ］の語を入れ替えましょう。

1. 田中さんが言うには，李さんはよく図書館へ行くそうです。

   听田中说，［ 去　经常　图书馆　小李 ］。

   听田中说，_____ _____ _____ _____ 。

2. 私たちの図書館には閲覧室だけでなく，ラーニングコモンズもカフェもあります。

   我们图书馆 ［ 有学习园地和咖啡馆　有阅览室　而且　不但 ］。

   我们图书馆 _____ ，_____ _____ _____ 。

7 自分の大学紹介文をまとめましょう。

テーマ：大学紹介

問いかけ：请你介绍一下你们大学的图书馆。

Step. 1 我在图书馆 _____ 。
（ヒント：図書館では何をするのか）

Step. 2 我们大学的图书馆 _____ 。
（ヒント：図書館の閉館時刻）

Step. 3 我 _____ 。
（ヒント：図書館についてどう思うか）

Step. 4 a 我们学校里还有 _____ ，我 _____ 去那儿看影像。

   b 我们学校里没有 _____ 。
（ヒント：視聴覚センターの有無と利用状況）

第5課 Drill ドリル

月　　日　　学籍番号　　　　　　名前

1 次の語句の音声を聞いて，発音しましょう。　　　DL 73 / CD 73

① 法学：fǎxué 法学
② 政治学：zhèngzhìxué 政治学
③ 心理学：xīnlǐxué 心理学
④ 积极：jījí 積極的である，熱心である
⑤ 努力：nǔlì 努力している
⑥ 还可以：hái kěyǐ まずまずである
⑦ 没问题：méi wèntí 問題ない，大丈夫である
⑧ 担心：dān xīn 心配している
⑨ 多长时间：duōcháng shíjiān どのくらいの時間
⑩ 个星期：~ge xīngqī ～週間

2 音声を聞き取って，流れてきた順に番号をふりましょう。　　　DL 74 / CD 74

（　）法学　　　　　　　　　　　（　）まずまずである
（　）政治学　　　　　　　　　　（　）問題ない，大丈夫である
（　）心理学　　　　　　　　　　（　）心配している
（　）積極的である，熱心である　（　）どのくらいの時間
（　）努力している　　　　　　　（　）～週間

3 次の音声の質問を聞いて，解答欄に自分についての答えを書きましょう。　　　DL 75 / CD 75

1. _____
2. _____
3. _____
4. _____

4 問 **3** の音声の質問をもう一度聞いて，まず質問を書き取りましょう。それから隣の人に書き取った質問をして，隣の人の回答を書き取ってみましょう。

1. 質問：_____
　　回答：_____
2. 質問：_____
　　回答：_____
3. 質問：_____
　　回答：_____
4. 質問：_____
　　回答：_____

5 問 **4** の活動で隣の人から聞き取った内容をまとめて，授業・テストを紹介してみましょう。

Step. 1 （他・她）在学校喜欢学习 ＿＿＿＿＿＿＿＿＿＿ 。

Step. 2 那个课的老师是 ＿＿＿＿＿＿＿＿＿＿ 。

Step. 3 离考试还有 ＿＿＿＿＿＿＿＿＿＿ 。

Step. 4 （他・她）对考试 ＿＿＿＿＿＿＿＿＿＿ 。

6 仕上げの「授業・テスト紹介」をする前に，ここでいま一度，語順を確認しましょう。
次の日本語の意味になるように，中国語の文の［ ］の語を入れ替えましょう。

1. 田中圭さんは，経済学を勉強するのが好きです。

　　［ 经济学　喜欢　田中圭　学习 ］。　＿＿＿＿ ＿＿＿＿ ＿＿＿＿ ＿＿＿＿ 。

2. 試験まであと4週間あります。

　　［ 还有　离　四个星期　考试 ］。　＿＿＿＿ ＿＿＿＿ ＿＿＿＿ ＿＿＿＿ 。

7 自分の授業・テスト紹介文をまとめましょう。

テーマ：授業・テスト

問いかけ：请你介绍学习的情况。

Step. 1 我在学校喜欢学习 ＿＿＿＿＿＿＿＿＿＿＿ 。
　　　　（ヒント：授業科目または学問分野）

Step. 2 ＿＿＿＿＿＿＿＿ 老师教我们 ＿＿＿＿＿＿＿＿ 。
　　　　（ヒント：教わっている先生のお名前）

Step. 3 ＿＿＿＿＿＿＿＿＿＿＿＿＿＿＿＿＿ 。
　　　　（ヒント：テストまでの日数）

Step. 4 我对考试 ＿＿＿＿＿＿＿＿＿＿＿ 。
　　　　（ヒント：テストに対する態度や気持ち）

第6課 Drill ドリル

月　　日　　学籍番号　　　　　　　名前

1 次の語句の音声を聞いて，発音しましょう。　　DL 76／CD 76

① （还）不够：hái búgòu まだ足りない
② 放暑假：fàng shǔjià 夏休みになる
③ 〜个月：~geyuè 〜か月間
④ 去短期留学：qù duǎnqī liúxué 短期留学へ行く
⑤ 义工：yìgōng ボランティア
⑥ 回老家：huí lǎojiā 実家へ帰る
⑦ 露营：lùyíng キャンプ
⑧ 社团集训：shètuán jíxùn クラブ合宿
⑨ 锻炼身体：duànliàn shēntǐ 身体を鍛える
⑩ （打工）挣钱：(アルバイトして) お金をかせぐ
　　(dǎ gōng)zhèng qián

2 音声を聞き取って，流れてきた順に番号をふりましょう。　　DL 77／CD 77

（　）まだ足りない　　　　　　（　）実家へ帰る
（　）夏休みになる　　　　　　（　）キャンプ
（　）〜か月間　　　　　　　　（　）クラブ合宿
（　）短期留学へ行く　　　　　（　）身体を鍛える
（　）ボランティア　　　　　　（　）（アルバイトして）お金をかせぐ

3 次の音声の質問を聞いて，解答欄に自分についての答えを書きましょう。　　DL 78／CD 78

1. ＿＿＿＿＿＿＿＿＿＿＿＿＿＿＿＿＿＿＿＿＿＿
2. ＿＿＿＿＿＿＿＿＿＿＿＿＿＿＿＿＿＿＿＿＿＿
3. ＿＿＿＿＿＿＿＿＿＿＿＿＿＿＿＿＿＿＿＿＿＿
4. ＿＿＿＿＿＿＿＿＿＿＿＿＿＿＿＿＿＿＿＿＿＿

4 問**3**の音声の質問をもう一度聞いて，まず質問を書き取りましょう。それから隣の人に書き取った質問をして，隣の人の回答を書き取ってみましょう。

1. 質問：＿＿＿＿＿＿＿＿＿＿＿＿＿＿＿＿＿＿＿＿＿＿＿＿＿＿＿＿＿＿
   回答：＿＿＿＿＿＿＿＿＿＿＿＿＿＿＿＿＿＿＿＿＿＿＿＿＿＿＿＿＿＿
2. 質問：＿＿＿＿＿＿＿＿＿＿＿＿＿＿＿＿＿＿＿＿＿＿＿＿＿＿＿＿＿＿
   回答：＿＿＿＿＿＿＿＿＿＿＿＿＿＿＿＿＿＿＿＿＿＿＿＿＿＿＿＿＿＿
3. 質問：＿＿＿＿＿＿＿＿＿＿＿＿＿＿＿＿＿＿＿＿＿＿＿＿＿＿＿＿＿＿
   回答：＿＿＿＿＿＿＿＿＿＿＿＿＿＿＿＿＿＿＿＿＿＿＿＿＿＿＿＿＿＿
4. 質問：＿＿＿＿＿＿＿＿＿＿＿＿＿＿＿＿＿＿＿＿＿＿＿＿＿＿＿＿＿＿
   回答：＿＿＿＿＿＿＿＿＿＿＿＿＿＿＿＿＿＿＿＿＿＿＿＿＿＿＿＿＿＿

5 問 **4** の活動で隣の人から聞き取った内容をまとめて，学期末を紹介してみましょう。

Step. 1 （他・她）期末考试 _____ _____ 。

Step. 2 （他们・她们）学校 _____ 、放暑假。

Step. 3 （他们・她们）学校暑假放 _____ 。

Step. 4 （他・她）暑假想做 _____ ，_____ 。

6 仕上げの「学期末の紹介」をする前に，ここでいま一度，語順を確認しましょう。
次の日本語の意味になるように，中国語の文の［ ］の語を入れ替えましょう。

1. 学校は2か月夏休みになります。

   ［ 放　学校　暑假　两个月 ］。　　_____ _____ _____ _____ 。

2. 李さんは夏休みにアルバイトしてお金を稼ぎたいと思っています。

   小李［ 挣钱　想　暑假　打工 ］。　小李 _____ _____ _____ _____ 。

7 自分の学期末紹介文をまとめましょう。

テーマ：学期末

問いかけ：请你介绍一下你的暑假安排。

Step. 1　我们学校快 _____ 了。
（ヒント：もうすぐ期末テストです　　快〜了：もうすぐ〜だ）

Step. 2　我期末考试 _____ 。
（ヒント：期末テストの準備状況）

Step. 3　我们学校暑假 _____ ，_____ 。
（ヒント：夏休みの開始日と長さ）

Step. 4　我暑假 _____ ，还 _____ 。
（ヒント：夏休みにやる予定の事がらをふたつ　　还：hái また，さらに）

第7課 Drill ドリル

___月___日 学籍番号_____ 名前_____

1 次の語句の音声を聞いて，発音しましょう。 DL 79 / CD 79

① 开心：kāixīn 楽しい，気分がすっきりする
② 快乐：kuàilè 楽しい，愉快である
③ 打扫房间：dǎsǎo fángjiān 部屋を掃除する
④ 在家上网：zài jiā shàngwǎng 家でネットをする
⑤ 参观：cānguān 参観，見学する
⑥ 美术馆：měishùguǎn 美術館
⑦ 去海边玩儿：qù hǎibian wánr 海へ遊びに行く
⑧ 看烟花：kàn yānhuā 花火を観る
⑨ 印象：yìnxiàng イメージ，印象
⑩ 印象最深的事情：印象が最も強かったこと yìnxiàng zuì shēn de shìqing

2 音声を聞き取って，流れてきた順に番号をふりましょう。 DL 80 / CD 80

( ) 楽しい，気分がすっきりする　　( ) 美術館
( ) 楽しい，愉快である　　　　　　( ) 海へ遊びに行く
( ) 部屋を掃除する　　　　　　　　( ) 花火を観る
( ) 家でネットをする　　　　　　　( ) イメージ，印象
( ) 参観，見学する　　　　　　　　( ) 印象が最も強かったこと

3 次の音声の質問を聞いて，解答欄に自分についての答えを書きましょう。 DL 81 / CD 81

1. _____
2. _____
3. _____
4. _____

4 問 **3** の音声の質問をもう一度聞いて，まず質問を書き取りましょう。それから隣の人に書き取った質問をして，隣の人の回答を書き取ってみましょう。

1. 質問：_____
   回答：_____
2. 質問：_____
   回答：_____
3. 質問：_____
   回答：_____
4. 質問：_____
   回答：_____

5 問**4**の活動で隣の人から聞き取った内容をまとめて，隣の人の夏休みを紹介してみましょう。

Step. 1 （他・她）的暑假过得 _____ 。

Step. 2 （他・她）暑假 _____ 。

Step. 3 （他・她）暑假印象最深的事情是 _____ 。

Step. 4 （他・她）明年暑假 _____ 。

6 仕上げの「夏休み紹介」をする前に，ここでいま一度，語順を確認しましょう。
次の日本語の意味になるように，中国語の文の［ ］の語を入れ替えましょう。

1. 田中さんは夏休みがとても充実していました。

   田中［ 得 暑假 很充实 过 ］。 田中 _____ _____ _____ _____ 。

2. 休みの時は部屋を掃除します。

   ［ 的 打扫房间 时候 休息 ］。 _____ _____ _____ _____ 。

7 自分の夏休みの紹介文をまとめましょう。

テーマ：夏休み

問いかけ：请你介绍一下你的暑假生活。

Step. 1 我暑假过得 _____ 。
（ヒント：夏休みの様子や感想）

Step. 2 我暑假 _____ ，还 _____ 。
（ヒント：夏休みにしたことふたつ）

Step. 3 我暑假印象最深的是 _____ 。
（ヒント：夏休みの一番印象深かったこと）

Step. 4 我 _____ _____ 。
（ヒント：来年の夏休みにしたいこと）

第8課 Drill ドリル

　　月　　日　　学籍番号　　　　　　　名前

1 次の語句の音声を聞いて，発音しましょう。　　　　　　　　　　DL 82　CD 82

① 英语实习：Yīngyǔ shíxí 英語インターンシップ
② 汉语实习：Hànyǔ shíxí 中国語インターンシップ
③ 国际交流活动：guójì jiāoliú huódòng 国際交流活動
④ 网友聚会（网聚）：オフ会
　　wǎngyǒu jùhuì
⑤ 有意义：有意義である
　　yǒu yìyì
⑥ 有用：yǒuyòng 役に立つ
⑦ 很热闹：hěn rènao 賑やかである
⑧ 有收获：yǒu shōuhuò 収穫を得る
⑨ 交了很多朋友：友人がたくさんできた
　　jiāole hěn duō péngyou
⑩ 增强了忍耐力：忍耐強くなった
　　zēngqiánglerěnnàilì

2 音声を聞き取って，流れてきた順に番号をふりましょう。　　　　　DL 83　CD 83

(　) 英語インターンシップ　　　　(　) 役に立つ
(　) 中国語インターンシップ　　　(　) 賑やかである
(　) 国際交流活動　　　　　　　　(　) 収穫を得る
(　) オフ会　　　　　　　　　　　(　) 友人がたくさんできた
(　) 有意義である　　　　　　　　(　) 忍耐強くなった

3 次の音声の質問を聞いて，解答欄に自分についての答えを書きましょう。　DL 84　CD 84

1. _____
2. _____
3. _____
4. _____

4 問**3**の音声の質問をもう一度聞いて，まず質問を書き取りましょう。それから隣の人に書き取った質問をして，隣の人の回答を書き取ってみましょう。

1. 質問：_____
   回答：_____
2. 質問：_____
   回答：_____
3. 質問：_____
   回答：_____
4. 質問：_____
   回答：_____

5 問4の活動で隣の人から聞き取った内容をまとめて，隣の人の課外活動を紹介してみましょう。

Step. 1 （他・她）以前参加过 _____ 。

Step. 2 （他・她）参加那个活动后，觉得 _____ 。

Step. 3 （他・她）参加那个活动后，_____ 。

Step. 4 （他・她）还想参加 _____ 。

6 仕上げの「課外活動紹介」をする前に，ここでいま一度，語順を確認しましょう。
次の日本語の意味になるように，中国語の文の [ ] の語を入れ替えましょう。

1. 彼女はこのことを知ったら，とても喜ぶはずです。

 她知道了这个事，[高兴　会　很　肯定]。

 她知道了这个事，_____　_____　_____　_____。

2. 彼は今回のインターンシップについてとても有意義だと思っています。

 他 [觉得　这次实习　有意义　非常]。

 他 _____　_____　_____　_____。

7 自分の課外活動紹介文をまとめましょう。

テーマ：課外活動

問いかけ：请你介绍一下你参加过的活动。

Step. 1 我以前参加过 _____ , _____ 。
（ヒント：参加したことのある活動等）

Step. 2 参加那个活动后，_____ , 觉得 _____ 。
（ヒント：その活動に対する感想）

Step. 3 我 _____ 。
（ヒント：その活動から得られた収穫）

Step. 4 我 _____ 。
（ヒント：他に参加したい活動等）

第9課 Drill ドリル

月　　　日　　学籍番号　　　　　　名前

1 次の語句の音声を聞いて，発音しましょう。

① 访问：fǎngwèn 訪問する，アクセスする
② 网站：wǎngzhàn ウェブサイト
③ 苹果：Píngguǒ Apple, アップル
④ 华为：Huáwéi Huawei, ファーウェイ
⑤ 三星：Sānxīng Samsung, サムソン
⑥ 安卓：Ānzhuó Android, アンドロイド
⑦ 雅虎：Yǎhǔ Yahoo!, ヤフー
⑧ 网（络）聊（天）：ネットでチャットする
　 wǎng(luò) liáo(tiān)
⑨ 用电脑检索：yòng diànnǎo jiǎnsuǒ（ネットで）検索する
⑩ 发短信：fā duǎnxìn ショートメール・メッセージを送る

DL 85　CD 85

2 音声を聞き取って，流れてきた順に番号をふりましょう。

（　）訪問する，アクセスする　　（　）ウェブサイト
（　）Apple, アップル　　　　　　（　）Huawei, ファーウェイ
（　）Samsung, サムソン　　　　　（　）Android, アンドロイド
（　）Yahoo!, ヤフー　　　　　　　（　）ネットでチャットする
（　）ネットで検索する　　　　　（　）ショートメール・メッセージを送る

DL 86　CD 86

3 次の音声の質問を聞いて，解答欄に自分についての答えを書きましょう。

1. _____
2. _____
3. _____
4. _____

DL 87　CD 87

4 問 3 の音声の質問をもう一度聞いて，まず質問を書き取りましょう。それから隣の人に書き取った質問をして，隣の人の回答を書き取ってみましょう。

1. 質問：_____
　 回答：_____
2. 質問：_____
　 回答：_____
3. 質問：_____
　 回答：_____
4. 質問：_____
　 回答：_____

5 問**4**の活動で隣の人から聞き取った内容をまとめて，隣の人の携帯電話事情を紹介してみましょう。

Step. 1 （他・她）＿＿＿＿＿＿＿＿＿＿＿＿＿＿＿ 上网。

Step. 2 上网时（他・她）经常 ＿＿＿＿＿＿＿＿＿＿＿＿＿＿＿ 。

Step. 3 （他・她）用的是 ＿＿＿＿＿＿＿＿＿＿＿＿＿＿＿ 的。

Step. 4 （他・她）经常用手机 ＿＿＿＿＿＿＿＿＿＿＿＿＿＿＿ 。

6 仕上げの「携帯電話事情紹介」をする前に，ここでいま一度，語順を確認しましょう。
次の日本語の意味になるように，中国語の文の [ ] の語を入れ替えましょう。

1. 李さんが使っているスマートフォンはファーウェイのです。

    小李用 [是　手机　的　华为的]。

    小李用 ＿＿＿＿＿　＿＿＿＿＿　＿＿＿＿＿　＿＿＿＿＿ 。

2. 李さんはスマートフォンでチャットをします。

    小李 [聊天　手机　网络　用]。　小李 ＿＿＿＿＿　＿＿＿＿＿　＿＿＿＿＿　＿＿＿＿＿ 。

7 自分の携帯電話事情紹介文をまとめましょう。

テーマ：携帯電話事情

問いかけ：请你介绍一下你和手机、电脑。

Step. 1 我 ＿＿＿＿＿＿＿＿＿＿＿＿＿＿＿ 。
（ヒント：インターネットの使用頻度）

Step. 2 我 ＿＿＿＿＿＿＿＿＿＿＿＿＿＿＿ 。
（ヒント：よくアクセスするウェブサイト）

Step. 3 我 ＿＿＿＿＿＿＿＿＿＿＿＿＿＿＿ 。
（ヒント：使っているスマートフォン）

Step. 4 我 ＿＿＿＿＿＿＿＿＿＿＿＿＿＿＿ 。
（ヒント：スマートフォンでふだん良く使っている機能）

第10課 Drill ドリル

____月 ____日 学籍番号 _____ 名前 _____

1 次の語句の音声を聞いて，発音しましょう。　　🎧 DL 88　💿 CD 88

① 过节：guò jié 節句を祝う
② 过新年：guò xīnnián 新年を祝う
③ 过万圣节：guò wànshèngjié ハロウィンを祝う
④ 过生日：誕生日を祝う
　　guò shēngrì
⑤ 参拜神社：cānbài shénshè 神社でお参りする
⑥ 吃年糕：chī niángāo おもちを食べる
⑦ 许愿：xǔyuàn 願い事をする
⑧ 假扮（成〜）：jiǎbàn(chéng~) （〜に）仮装する
⑨ 不给糖就捣蛋：トリックオアトリート
　　bù gěi táng jiù dǎo dàn
⑩ 送礼物：sòng lǐwù プレゼントを贈る（渡す）

2 音声を聞き取って，流れてきた順に番号をふりましょう。　🎧 DL 89　💿 CD 89

（　）節句を祝う　　　　　　（　）新年を祝う
（　）ハロウィンを祝う　　　（　）誕生日を祝う
（　）神社でお参りする　　　（　）おもちを食べる
（　）願い事をする　　　　　（　）（〜に）仮装する
（　）トリックオアトリート　（　）プレゼントを贈る

3 次の音声の質問を聞いて，解答欄に自分についての答えを書きましょう。　🎧 DL 90　💿 CD 90

1. _____
2. _____
3. _____
4. _____

4 問**3**の音声の質問をもう一度聞いて，まず質問を書き取りましょう。それから隣の人に書き取った質問をして，隣の人の回答を書き取ってみましょう。

1. 質問：_____
　　回答：_____
2. 質問：_____
　　回答：_____
3. 質問：_____
　　回答：_____
4. 質問：_____
　　回答：_____

5 問 **4** の活動で隣の人から聞き取った内容をまとめて，年中行事を紹介してみましょう。

Step. 1　（他・她）喜欢过 _____ 。

Step. 2　去年（他・她）是 _____ 一起过的那个节日。

Step. 3　那时候（他们・她们）在一起 _____ 。

Step. 4　明年（他们・她们）打算 _____ 。

6 仕上げの年中行事紹介をする前に，ここでいま一度，語順を確認しましょう。
次の日本語の意味になるように，中国語の文の［　］の語を入れ替えましょう。

1. 田中さんはクリスマスをお祝いするのが大好きです。

　　田中 ［　过　很　圣诞节　喜欢　］。　田中 _____ _____ _____ _____ 。

2. 彼らはまずケーキを食べて，それからプレゼントを渡します。

　　他们 ［　吃蛋糕　送礼物　然后再　先　］。

　　他们 _____ _____ , _____ _____ 。

7 自分の年中行事紹介文をまとめましょう。

テーマ：年中行事

問いかけ：请你介绍一下你喜欢的节日。

Step. 1　我很喜欢 _____ 。
　　　　（ヒント：好きな年中行事）

Step. 2　去年我 _____ 。
　　　　（ヒント：昨年はだれと一緒にお祝いしたのか）

Step. 3　那时候我 _____ 。
　　　　（ヒント：昨年はどのように過ごしたのか）

Step. 4　今年我 _____ 。
　　　　（ヒント：今年はどのように過ごす（過ごした）か）

第11課 Drill ドリル

月　　　日　　学籍番号　　　　　　　名前

1 次の語句の音声を聞いて，発音しましょう。　　DL 91 / CD 91

① 过七夕：guò qīxī 七夕を祝う
② 跟朋友约会：デートする
　　gēn péngyou yuēhuì
③ 准备竹子装饰：笹飾りを用意する
　　zhǔnbèi zhúzi zhuāngshì
④ 过中秋节：guò Zhōngqiūjié 中秋節を祝う
⑤ 赏月：shǎng yuè お月見をする
⑥ 吃月饼：chī yuèbǐng 月餅を食べる
⑦ 吃赏月团子：月見だんごを食べる
　　chī shǎngyuè tuánzi
⑧ 过情人节：バレンタインデーを祝う
　　guò qíngrénjié
⑨ 送巧克力：sòng qiǎokèlì チョコレートを贈る（渡す）
⑩ 送玫瑰花：sòng méiguīhuā バラの花を贈る

2 音声を聞き取って，流れてきた順に番号をふりましょう。　　DL 92 / CD 92

（　）七夕を祝う　　　　　　　　（　）デートする
（　）笹飾りを用意する　　　　　（　）中秋節を祝う
（　）お月見をする　　　　　　　（　）月餅を食べる
（　）月見だんごを食べる　　　　（　）バレンタインデーを祝う
（　）チョコレートを贈る　　　　（　）バラの花を贈る

3 次の音声の質問を聞いて，解答欄に自分についての答えを書きましょう。　　DL 93 / CD 93

1. _____
2. _____
3. _____
4. _____

4 問**3**の音声の質問をもう一度聞いて，まず質問を書き取りましょう。それから隣の人に書き取った質問をして，隣の人の回答を書き取ってみましょう。

1. 質問：_____
　　回答：_____
2. 質問：_____
　　回答：_____
3. 質問：_____
　　回答：_____
4. 質問：_____
　　回答：_____

5 問 **4** の活動で隣の人から聞き取った内容をまとめて，日中文化を紹介してみましょう。

Step. 1　听（他・她）说中国和日本都过 _____ 。

Step. 2　听（他・她）说那个节日中国和日本 _____ 。

Step. 3　听（他・她）说中国过那个节日的时候，_____ 。

Step. 4　听（他・她）说日本过那个节日的时候，_____ 。

6 仕上げの「日中文化紹介」をする前に，ここでいま一度，語順を確認しましょう。
次の日本語の意味になるように，中国語の文の［ ］の語を入れ替えましょう。

1. 日本の中秋節は中国とは異なります。。

　　日本的中秋节 ［ 一样　中国的　跟　不 ］。

　　日本的中秋节 _____ _____ _____ _____ 。

2. 日本ではチョコレートやプレゼントなどを送ります。

　　在日本 ［ 巧克力　什么的　礼物　送 ］。

　　在日本 _____ _____ 、_____ _____ 。

7 自分の日中文化紹介文をまとめましょう。

テーマ：日中文化

問いかけ：请你介绍一下中国和日本的节日。

Step. 1　中国和日本 _____ 。
　　　　（ヒント：日中両国で共通の年中行事）

Step. 2　过 _____ 的时候，中国和日本 _____ 。
　　　　（ヒント：Step1 の行事の時の過ごし方は同じか異なるか）

Step. 3　在中国，_____ 。
　　　　（ヒント：中国での Step1 の行事の過ごし方）

Step. 4　在日本，_____ 。
　　　　（ヒント：日本での Step1 の行事の過ごし方）

第12課 Drill ドリル

月　　　日　　学籍番号　　　　　　　名前

1 次の語句の音声を聞いて，発音しましょう。　　DL 94／CD 94

① 理想：lǐxiǎng　理想，夢
② 当公务员：dāng gōngwùyuán　公務員になる
③ 当公司职员：会社員になる
　　dāng gōngsī zhíyuán
④ 在旅行社工作：旅行社で働く
　　zài lǚxíngshè gōngzuò
⑤ 找工作：zhǎo gōngzuò　仕事を探す，就職活動をする
⑥ 需要：xūyào　必要である
⑦ 重视：zhòngshì　重視する
⑧ 沟通能力：コミュニケーション能力
　　gōutōng nénglì
⑨ 协调性：協調性
　　xiétiáoxìng
⑩ 行动力：xíngdònglì　行動力

2 音声を聞き取って，流れてきた順に番号をふりましょう。　　DL 95／CD 95

（　）理想，夢　　　　　　　　　　（　）公務員になる
（　）会社員になる　　　　　　　　（　）旅行社で働く
（　）仕事を探す，就職活動をする　（　）必要である
（　）重視する　　　　　　　　　　（　）コミュニケーション能力
（　）協調性　　　　　　　　　　　（　）行動力

3 次の音声の質問を聞いて，解答欄に自分についての答えを書きましょう。　　DL 96／CD 96

1. ＿＿＿＿＿＿＿＿＿＿＿＿＿＿＿＿＿＿＿＿
2. ＿＿＿＿＿＿＿＿＿＿＿＿＿＿＿＿＿＿＿＿
3. ＿＿＿＿＿＿＿＿＿＿＿＿＿＿＿＿＿＿＿＿
4. ＿＿＿＿＿＿＿＿＿＿＿＿＿＿＿＿＿＿＿＿

4 問**3**の音声の質問をもう一度聞いて，まず質問を書き取りましょう。それから隣の人に書き取った質問をして，隣の人の回答を書き取ってみましょう。

1. 質問：＿＿＿＿＿＿＿＿＿＿＿＿＿＿＿＿＿＿＿＿＿＿＿＿＿＿＿＿
　　回答：＿＿＿＿＿＿＿＿＿＿＿＿＿＿＿＿＿＿＿＿＿＿＿＿＿＿＿＿
2. 質問：＿＿＿＿＿＿＿＿＿＿＿＿＿＿＿＿＿＿＿＿＿＿＿＿＿＿＿＿
　　回答：＿＿＿＿＿＿＿＿＿＿＿＿＿＿＿＿＿＿＿＿＿＿＿＿＿＿＿＿
3. 質問：＿＿＿＿＿＿＿＿＿＿＿＿＿＿＿＿＿＿＿＿＿＿＿＿＿＿＿＿
　　回答：＿＿＿＿＿＿＿＿＿＿＿＿＿＿＿＿＿＿＿＿＿＿＿＿＿＿＿＿
4. 質問：＿＿＿＿＿＿＿＿＿＿＿＿＿＿＿＿＿＿＿＿＿＿＿＿＿＿＿＿
　　回答：＿＿＿＿＿＿＿＿＿＿＿＿＿＿＿＿＿＿＿＿＿＿＿＿＿＿＿＿

5 問4の活動で隣の人から聞き取った内容をまとめて，隣の人の将来について紹介してみましょう。

Step. 1a（他・她）已经 _____ 了将来的工作。

Step. 1b（他・她）还 _____ 将来的工作。

（すでに決意している場合は Step 2 の a に，まだ決意できていない場合は Step 2 の b に進みましょう。）

Step. 2a（他・她）将来想做 _____ 。

Step. 2b（他・她）对 _____ 感兴趣。

Step. 3 找工作的时候，（他・她）一般跟 _____ 商量。

Step. 4 找工作的时候，（他・她）最重视 _____ 。

6 仕上げの「将来・仕事紹介」をする前に，ここでいま一度，語順を確認しましょう。
次の日本語の意味になるように，中国語の文の [ ] の語を入れ替えましょう。

1. 田中さんはまだ将来何の仕事をするか決意できていません。

   田中 [下来　确定　还　不] 将来做什么工作。

   田中 _____ _____ _____ _____ 将来做什么工作。

2. 田中さんは両親に相談します。

   [商量　跟　他父母　田中]。　　_____ _____ _____ _____ 。

7 自分の将来・仕事紹介文をまとめましょう。

テーマ：将来・仕事

問いかけ：请你介绍一下将来的理想。

Step. 1a 我已经 _____ 将来做什么工作。

Step. 1b 我还 _____ 将来做什么工作。
　　　　（ヒント：すでに決意していますか，まだ決意できていませんか）

Step. 2a 我 _____ 。
　　　　（ヒント：Step1 の決意している仕事）

Step. 2b 我 _____ 。
　　　　（ヒント：Step1 で決意できていなくても，興味のある仕事について）

Step. 3 找工作的时候，我 _____ 。
　　　　（ヒント：将来に関する相談相手）

Step. 4 找工作的时候，我 _____ 。
　　　　（ヒント：仕事を探す上で最も重視していること）

著　者
　　奥村佳代子
　　塩山　正純
　　張　　軼欧

表紙デザイン
　　㈱欧友社

イラスト
　　川野　郁代

準中級中国語　会話編
〜自分のことばで話す中国語　準中級編〜

2019 年 1 月 9 日　初 版 発 行
2023 年 2 月 20 日　第 3 刷発行

　　著　者　©奥村佳代子
　　　　　　　塩山　正純
　　　　　　　張　　軼欧
　　発行者　　福岡正人
　　発行所　　株式会社　金星堂

〒101-0051　東京都千代田区神田神保町 3-21
　　　　　Tel. 03-3263-3828　Fax. 03-3263-0716
　　　　　E-mail：text@kinsei-do.co.jp
　　　　　URL：http://www.kinsei-do.co.jp

編集担当　川井義大　　　　　　　　　　2-00-0711
組版／株式会社欧友社　印刷・製本／興亜産業
本書の無断複製・複写は著作権法上での例外を除き禁じられています。本
書を代行業者等の第三者に依頼してスキャンやデジタル化することは、た
とえ個人や家庭内の利用であっても認められておりません。
乱丁・落丁本はお取り替えいたします。
KINSEIDO, 2019, Printed in Japan
ISBN978-4-7647-0711-5　C1087